프랑스어
스피치와 에세이

Perfectionnement à l'oral et à l'écrit

Perfectionnement à l'oral et à l'écrit

프랑스어

스피치와 에세이

Jean-Baptiste Causse
Yves Millet
Séverine Stoecklé

한국외국어대학교 국제지역대학 프랑스학과

HU:iNE

Avant-propos

Ce manuel s'adresse à des apprenants coréens qui étudient la langue française et ont déjà un niveau équivalent au niveau B1 d'après le Cadre européen commun de référence pour les langues (CECR) ou, du moins, visent à se perfectionner à ce niveau. Les activités peuvent cependant être adaptées et beaucoup de documents peuvent être exploités dès le niveau A2, au contraire des activités complémentaires sont parfois proposées pour des niveaux plus avancés. Les compétences d'expression orale et écrite au cours d'activités en classe sont avant tout visées par ce manuel mais les documents à disposition étant des textes accompagnés de leur version audio, les compétences de compréhension orale et écrite peuvent également être développées, notamment en auto-apprentissage.

En ce qui concerne les compétences d'expression, l'objectif premier de ce manuel est de corriger les principales erreurs qui reviennent à ce niveau, aussi bien à l'oral qu'à l'écrit, et qui peuvent se poser comme une entrave à une progression ultérieure puis, petit à petit, par la mise en place de systématismes, de permettre aux apprenants d'atteindre un bon niveau d'aisance dans ces deux compétences et, ainsi, dans une perspective plus pragmatique, d'augmenter leur confiance en eux lorsqu'ils seront amenés à communiquer oralement ou par écrit avec des interlocuteurs francophones.
Chaque dossier de ce manuel se présente sous la forme d'un texte introductif accompagné de sa version audio suivi d'activités orales et écrites

à proposer à l'apprenant à partir de ce document. Les textes, variés par leur forme (des chansons, des poèmes, des discours, des transcriptions d'extraits de films ou de séries, des articles, etc.), sont également divers en fonction de leur finalité. Ils sont répartis dans quatre grandes parties.

La première partie du manuel intitulée *Boîte à outils* revient sur des erreurs récurrentes chez l'apprenant coréen à ce niveau d'apprentissage et s'efforce à créer des systématismes à l'oral d'une part (quelques phonèmes qui posent problème, les liaisons et enchaînements, etc), à l'écrit d'autre part (les règles typographiques par exemple). Partant d'un texte ou de son enregistrement, l'apprenant est amené à se poser des questions sur un point particulier puis à l'intégrer à travers diverses activités.

Dans la deuxième partie, appelée *Jouer avec la langue*, on s'intéressera à un aspect de la langue en particulier (un phonème, une structure grammaticale, un niveau de langue, etc.) laissant à l'apprenant une grande liberté d'expression à travers ce qu'on pourrait appeler des ateliers d'écriture créative d'une part, des travaux de mise en voix de textes divers d'autre part, afin de lui permettre de prendre un maximum de plaisir avec la langue française et ainsi de mettre de côté ses réticences.

La troisième partie, *Approfondissement à l'oral et à l'écrit*, est divisée en trois chapitres, correspondant à trois compétences, essentielles à ce niveau : *Raconter*, que ce soit au présent, au passé ou au futur ; *Décrire*, que ce soit un objet, une personne, un lieu ou encore une image ; *Agir*, enfin, afin de faire passer un message particulier, à travers une lettre par exemple. Contrairement à la deuxième partie, un travail plus rigoureux et systématique est demandé ici aux apprenants, avec des objectifs précis à atteindre.

Enfin, la quatrième partie s'inscrit dans une perspective de passation d'examens ou de tests en langue française (comme le DELF, le DALF ou le FLEX) et propose aux apprenants de s'initier à deux exercices que tous les francophones connaissent bien et se doivent de maîtriser s'ils veulent poursuivre un cursus dans un milieu francophone que sont le résumé et la dissertation. Cette dernière partie est conclue par une série de dossiers de synthèse proposant aux apprenants de mettre en œuvre les savoir-faire acquis dans les pages précédentes.

Le manuel se présentant sous forme de dossiers individuels, sans réels liens entre eux, il donne la possibilité à l'enseignant ou à l'apprenant travaillant en autonomie de piocher ici et là ce qui l'intéresse sans suivre l'ordre préétabli proposé par les concepteurs. D'ailleurs, un index par type de texte (poème, chanson, etc.) est présent à la fin du manuel facilite ce type d'exploitation.

머리말

이 책은 프랑스어 학습자 중 유럽언어공통 기준상 B1 수준의 학습자 혹은 B1 수준에 이르고자 하는 학습자들을 대상으로 한다. 물론 A2 수준의 학습자들도 이 책을 다양한 방식으로 활용할 수 있을 것이며, 핵심 주제들을 보완하기 위해 제공된 추가 자료의 경우 B1 이상의 학습자들에게도 유용할 것이다.

이 책의 첫 번째 목적은 학습자들의 프랑스어 말하기와 글쓰기 능력 향상에 도움을 주는 것이다. 혼자 프랑스어를 공부하는 학습자들도 오디오 텍스트를 포함한 다양한 자료들을 통해 듣기와 독해 능력을 향상시킬 수 있을 것이다. 표현 능력 제고와 관련하여 본 교재의 주요 목적은 다음과 같다. 첫째, B1 수준의 학습자들이 프랑스어로 말하고 쓰는 과정에서 자주 범하게 되는 오류들, 특히 향후 고급 수준의 프랑스어를 구사하는데 저해가 될 수 있는 오류들을 바로잡는 것이다. 둘째, 체계적 학습을 통해 학습자들이 점진적으로 말하기와 글쓰기를 자유롭게 구사할 수 있는 수준에 도달할 수 있도록 돕는 것이다. 실질적으로는 학습자들이 프랑스어 사용자들과 말로 혹은 글로 자신있고 당당하게 소통할 수 있는 능력을 함양하는 것을 목적으로 한다. 각 단원은 도입 텍스트와 그 텍스트의 녹음 파일, 그리고 해당 텍스트들을 출발점으로 한 회화와 글쓰기 실습 등으로 구성되어 있다. 각기 다른 기능과 목적을 가진 다양한 형태의 텍스트들(샹송, 시, 연설문, 영화나 드라마 발췌문, 기사 등)이 담겨 있는 이 책은 크게 다음의 네 부분으로 구성되어 있다.

제1부 <도구 상자>는 한국인 프랑스어 학습자들에게서 자주 나타나는 실수들을 주로 다루며, 발음(문제를 일으키는 음소들, 리에종, 연음 등)과 글쓰기(문장부호 규칙들) 등을 체계적으로 학습하도록 돕는다. 텍스트 혹은 음성파일 형식으로 된 텍스트들을 활용하여 학습자들은 자신의 오류를 확인하고 다양한 연습 과정을 통해 올바른 규칙을 체득하게 된다.

제2부 <언어와 함께 놀기>에서는 언어의 특정 양상(음소, 문법구조, 랑그의 층위 등)에 주목하게 될 것이다. 학습자들은 다양한 연습 자료와 텍스트를 활용하여 창조적 글쓰기와 말하기를 연습하고 전반적 표현 능력을 제고하게 된다.

제3부 <회화와 글쓰기 심화 과정>은 B1 수준에서 매우 중요한 세 가지 층위에 할애된 세 개의 장으로 구성되어 있다. 현재, 과거, 미래 시제를 동원한 '이야기하기'(1장), 사물, 사람, 장소, 그림 등에 대한 '묘사하기'(2장), 편지와 같은 매개를 통해 특정한 메시지를 전달하기 위한 '행동하기'(3장)가 그것이다. 제2부와 달리 여기에서는 구체적 목표와 함께 보다 엄밀하고 체계적인 연습이 요구된다.

제4부는 대표적인 프랑스어 능력평가 시험(DELF, DALF, FLEX) 준비에 할애되어 있다. 학습자들은 프랑스어 구사자들에게 필수적인 능력이자 프랑스어권에 유학을 준비하는 학생이라면 반드시 체득해야 할 능력인 '요약'과 '논술' 연습에 입문하게 된다. 4부 마지막 부분에서는 앞서 습득한 지식들을 활용할 수 있는 '종합해야 할 텍스트'들이 제공된다.

본 교재의 장점은 책의 순서를 따르지 않더라도 교수자와 학습자가 상황에 맞게 자유롭게 활용할 수 있다는 것이다. 텍스트 유형(시, 샹송 등)에 따른 색인과 언어의 양상(어휘, 발음, 문장구조 등)에 따른 별도의 색인이 함께 제공되어 학습자들에게 구체적인 도움을 줄 것으로 기대한다.

Sommaire

1ère partie

Boîte à outils

제1부 도구 상자

2ème partie

Jouer avec la langue

제2부 언어와 함께 놀기

3ème partie

Approfondissement à l'oral et à l'écrit

제3부 회화와 글쓰기 심화 과정

4ème partie

Exercices académiques

제4부 고급 연습문제

PERFECTIONNEMENT
À L'ORAL ET À L'ÉCRIT

프랑스어
스피치와
에세이

1ère partie
Boîte à outils

제1부
도구 상자

Chapitre 1. L'oral

1. Le e caduc
2. Le cas du r final
3. La prononciation de tous
4. La prononciation de plus
5. Les liaisons et les enchaînements
6. Le découpage syllabique
7. L'accent d'insistance

Chapitre 2. L'écrit

8. Les majuscules
9. La ponctuation
10. Les dates
11. Les nombres

Chapter 1. 발음

1. 발음되지 않는 e
2. 마지막 자음 r
3. tous의 발음
4. plus의 발음
5. 리애종과 연음
6. 음절의 분할
7. 강조 액센트

Chapter 2. 글쓰기

8. 대문자
9. 구두점
10. 날짜
11. 수

OBJECTIFS

Cette première partie revient sur des aspects importants à l'oral et à l'écrit qui peuvent encore être mal maîtrisés à ce niveau. Concernant l'oral, les objectifs ici sont multiples. Tout d'abord, supprimer tous les doutes qui peuvent encore subsister chez l'apprenant sur la manière de lire certains mots ou des phrases (particulièrement les règles gouvernant les liaisons et les enchaînements). Ensuite, revenir sur le découpage syllabique des mots et des phrases ainsi que les accents d'insistance du français afin d'améliorer le rythme et le débit des apprenants et ainsi leur capacité à s'exprimer. À l'écrit, il s'agira avant tout de revenir sur les règles typographiques du français, l'apprenant coréen faisant souvent preuve d'un certain laxisme à ce niveau, laxisme que la langue française tolère difficilement. Il ne faut pas non plus négliger le fait que la maîtrise de la ponctuation à l'écrit par exemple a nécessairement des répercutions sur l'oral.

목 적

1부에서는 발음과 글쓰기에 있어서 매우 중요하지만 B1 수준의 학습자들이 잘못 알고 사용하기 쉬운 양상들을 살펴볼 것이다. 발음과 관련하여 우리가 목표로 하는 바는 다양하다. 우선, 특정 단어나 문장들을 읽는 방식(특히 리애종과 연음 규칙들과 관련하여)에 있어서 학습자들에게 여전히 남아 있을 수 있는 모든 의심들을 제거하는 것이다. 다음으로는, 단어와 문장의 음절 분할과 강조 액센트를 자세히 살펴보고, 학습자들의 리듬과 어조를 개선하며, 표현 능력을 향상시키는 것이다. 글쓰기와 관련해서는 무엇보다도 프랑스어 문장부호 규칙들을 집중적으로 살펴볼 것이다. 한국인 불어학도들 중 많은 수가 이와 관련하여 적당히 알고 넘어가는 경향이 있는데, 사실상 문장부호 오류는 프랑스어에서 거의 용인될 수 없는 중요한 문제이다. 또한 글쓰기에 있어서 구두점의 사용을 온전하게 익히는 것이 말하기에도 중요한 영향을 끼칠 수 있다는 점을 잊어서는 안 될 것이다.

1ère partie Boîte à outils

Chapitre 1.

L'oral

1. Le e caduc
2. Le cas du r final
3. La prononciation de tous
4. La prononciation de plus
5. Les liaisons et les enchaînements
6. Le découpage syllabique
7. L'accent d'insistance

1. 발음되지 않는 e
2. 마지막 자음 r
3. tous 의 발음
4. plus 의 발음
5. 리애종과 연음
6. 음절의 분할
7. 강조 액센트

CHAPITRE 1.

L'oral 발음

Dossier 1. Le e caduc

Hélène crèche chez Estelle, près de New Helmstedt Street, entre Regent's Street et le Belvédère. « Défense d'entrer », me jette le cerbère. Sept pence le dégèlent et j'entre pépère. Hélène est chez elle. Je prends le verre de schweppes qu'elle me tend et me trempe les lèvres. Je desserre mes vêtements et m'évente.

- Qel temps !
- Trente-sept degrés !
- C'est l'été.

Hélène me tend des kleenex. Je me sèche les tempes lentement.

- Prends le temps ! Ne te presse !

Elle semble se délecter, je sens qu'elle se réfrène, qu'elle espère entendre les événements récents ; en effet, prestement, elle me jette :

- Bérengère est chez l'évêque?
- Yes.
- Excellent ! Les événements se pressent !

Extrait de *Les Revenentes* de Georges Perec*(1936-1982)

Georges Perec (1936-1982) est un écrivain français. Il est membre de l'OuLiPo (l'ouvroir de littérature potentielle). Ce groupe propose à ses membres de s'imposer des contraintes d'écriture et de les respecter afin de produire des textes plus ou moins longs, contraintes censées stimuler l'imagination. Une des contraintes célèbres est d'écrire un texte en s'efforçant de ne pas utiliser une lettre donnée, une voyelle par exemple. Dans cet extrait (et dans tout le récit dont il est issu), c'est le contraire que s'est proposé de faire Georges Perec, c'est-à-dire de n'utiliser que la voyelle « e ». Pour y arriver cependant, l'auteur s'autorise quelques libertés orthographiques, notamment en supprimant tous les « u » qui suivent les « q » (« qel » pour « quel », « qe » pour « que », etc.) ou en se permettant volontairement quelques fautes d'orthographes (d'où le titre « revenentes » au lieu de « revenantes »).

조르주 페렉(1936-1982)은 프랑스의 작가이자, '울리포'(잠재문학작업실)의 멤버였다. 울리포는 구성원들 스스로 상상력을 고무시킬 수 있다고 여겨지는 특정한 글쓰기의 제약들을 만들어내서 짧지 않은 분량의 텍스트를 그 규칙에 맞추어 쓰는 방식으로 유명하다. 울리포의 구성원들이 고안해 낸 제약들 중 유명한 것으로는 텍스트의 처음부터 끝까지 특정한 철자, 예를 들어 하나의 모음을 사용하지 않고 작성하는 것이 있다. 이 발췌문에서(이 부분을 포함하고 있는 작품 전체에서) 조르주 페렉은 이와 정반대되는 규칙,

즉 모음 'e'만을 사용한 글쓰기를 선보였다. 물론 이 규칙을 끝까지 지키기 위해 페렉은 철자법 상의 약간의 자유를 스스로에게 부여했던 것이 사실이다. 예를 들어 자음 'q' 다음에 나오는 모음 'u'를 다 삭제하거나('quel' 대신에 'qel'을 사용하거나 'que' 대신에 'qe'를 사용하는 것 같은), 자의적으로 철자법의 오류를 용인하는(작품의 제목인 'revenentes'(돌아온 자들)의 원래 표기는 'revenantes'이다) 식으로 말이다.

1. Écoutez et lisez l'extrait ci-dessus.

2. Écoutez-le encore une fois et barrez les « e » qui ne se prononcent pas (= les e caducs). Soulignez les mots de l'extrait dont on doit prononcer le « e final ».

Explications 설명

En général, on ne prononce pas le « e final » (on l'appelle alors « e caduc ») mais quand un mot est formé d'une seule syllabe (mot monosyllabique) et qu'il commence par une consonne, on doit généralement prononcer le « e final ».

일반적으로 '단어의 마지막에 나오는 e'는 발음하지 않는다.(이것을 흔히 '발음하지 않는 e'라고 부른다) 하지만 한 단어가 단 하나의 음절로 구성된 경우(단일음절 단어)와 그 단어가 자음으로 시작할 때는 마지막에 나오는 e를 발음하는 것이 원칙이다.

ce ; me ; le ; ne ; je ; que ; de ; etc. Mais : *une* (on ne prononce pas le « e final »). ('마지막 e'를 발음하지 않는다.)

3. Relisez l'extrait ci-dessus en ne prononçant pas les « e caducs ».

4. Lisez maintenant les phrases suivantes. Barrez les « e » qui ne se prononcent pas (= les e caducs) et soulignez les « e » qui se prononcent. Essayez ensuite de les lire à haute voix.

a. Ce n'est pas le chien de Julie.

b. La caravane est garée sur la place de l'hôtel de ville.

c. Le livre de mon frère est posé sur la table de la cuisine.

d. Elle écoute de la musique classique.

e. Je ne veux pas de ton aide.

f. Ce n'est plus la peine de venir.

Remarques 주의할 점

- À l'oral, en général, le e qui est précédé d'au moins deux consonnes et suivi d'au moins une consonne se prononce, que ce soit à l'intérieur d'un mot ou entre deux mots.

  구어체에서는 일반적으로 e 앞에 최소한 서로 다른 두 개의 자음이 위치하거나 뒤에 하나의 자음이 위치할 경우 e 를 발음한다. 한 단어 내에서건 두 단어 사이에서건 이 원칙은 동일하게 적용된다.

  Justement ; gouvernement ; équitablement ; quelques princip(e)s ; notre maison ; cett(e) semain(e) ; etc.

- Par contre, s'il n'est précédé et suivi que d'une seule consonne, il ne se prononce pas.

  반대로, 앞 뒤로 각각 하나의(한 종류의) 자음씩만 있을 경우에는 발음되지 않는다.

  Développ(e)ment ; franch(e)ment ; arrondiss(e)ment ; la s(e)main(e) dernièr(e) ; il ne s(e) prononc(e) pas ; etc.

- Ainsi, la phrase « Je ne te le redemanderai pas encore une fois » peut être lue de plusieurs manières :

  예를 들어 <Je ne te le redemanderai pas encore une fois(너에게 그것을 한 번 더 부탁하는 일은 없을거야)> 라는 문장은 복수의 방식으로 발음이 가능하다.

  J(e) ne t(e) le r(e)demand(e)rai pas encor(e) un(e) fois.
  Je n(e) te l(e) red(e)mand(e)rai pas encor(e) un(e) fois.

5. Relisez les phrases suivantes en ne prononçant pas tous les « e » qui peuvent ne pas être prononcés.

a. Ce n'est pas le chien de Julie.

b. La caravane est garée sur la place de l'hôtel de ville.

c. Le livre de mon frère est posé sur la table de la cuisine.

d. Elle écoute de la musique classique.

e. Je ne veux pas de ton aide.

f. Ce n'est plus la peine de venir.

Dossier 2. Le cas du r final

Au bord de la mer

Au bord de la mer, l'hiver ne veut pas finir. L'air est froid. Je ne veux pas partir. J'aimerais rester ici à regarder les vagues et les bateaux. Je veux jouer avec mon chien, Médor, sur la plage, dehors. Je veux toucher le sable mouillé. Je veux me rouler par terre. Hier, il faisait beau. J'ai pu palper la chaleur du soleil sur mon corps. J'aimerais la sentir encore. Or, c'est déjà la fin des vacances. Dans deux jours, je vais devoir repartir, retourner à ma vie de tous les jours, recommencer à travailler, reprendre le bus et le métro matin et soir. La foule, les embouteillages, le stress quotidien… Mais je vais aussi retrouver ma famille et mes amis, revoir mon quartier, reprendre mes petites habitudes.

1. Écoutez l'enregistrement et lisez le texte ci-dessus. Barrez les « r finaux » qui ne se prononcent pas.

2. Notez dans le tableau suivant les mots qui finissent par un « r » selon qu'il se prononce ou qu'il ne se prononce pas.

On prononce le r final.	On ne prononce pas le r final.

3. Quand doit-on prononcer le « r final » et quand ne doit-on pas le prononcer ?

Explications설명

- Quand un mot finit en *–er*, on ne prononce généralement pas le « r final ».

  -er 로 끝나는 단어의 경우 일반적으로 '마지막 r'을 발음하지 않는다.

  Regarder ; sauver ; deviner ; jouer ; écolier ; boulanger ; etc.

- À l'inverse, on doit prononcer le « r final » des mots monosyllabiques qui finissent en *–er* et de quelques autres mots comme « hiver » ou « enfer ».

  반대로, 단음절 단어가 *-er* 로 끝나는 경우, 그리고 <hiver>, <enfer>와 같은 단어들의 경우 '마지막 r'을 발음한다.

  Cher ; fier ; mer ; hier ; fer ; ver ; hiver ; enfer ; etc.

- Dans tous les autres cas, c'est-à-dire quand le « r » est précédé d'une autre voyelle, on prononce le « r final ».

  다른 모든 경우, 즉 'r' 앞에 다른 모음이 위치할 경우 '마지막 r'을 발음한다.

  Dormir ; savoir ; or ; pour ; sûr ; s'asseoir ; char ; par ; sortir ; etc.

4. Lisez les phrases suivantes en faisant attention à ne pas prononcer les « r » qui ne se prononcent pas.

a. Il est très fier de sa montre en or.
b. Elle va se reposer à la mer pendant quelques jours.
c. Je ne vais pas aller au ski cet hiver.
d. J'aurais dû finir mes devoirs hier.
e. Ce week-end, on va marcher, courir, nager et plonger.
f. 12 euros le kilo chez le boucher de la rue de l'Enfer. Ce n'est pas cher.
g. Dans cette rue on trouve un boulanger, un poissonnier, un épicier et un cordonnier.
h. Que dois-je décider ? Partir ou rester ? Partir, oui. Mais où aller ?
i. L'or est beaucoup plus cher que le fer. C'est clair.
j. C'est tous les jours la même chose : manger, travailler, rentrer, regarder la télé, dormir.

5. Relisez le texte *Au bord de la mer* en faisant bien attention à la prononciation du r final.

6. Lisez le texte suivant en faisant bien attention à ne pas prononcer le *r final* lorsque ce n'est pas nécessaire.

Demain, je pars en vacances. Pas à la mer. C'est l'hiver alors je vais à la montagne. Mon programme est simple, précis, et je vais faire tous les jours la même chose. Ainsi, le matin, je vais me réveiller, me lever, me raser, me laver, m'habiller chaudement à cause du froid puis prendre mon petit déjeuner. Ensuite, je vais sortir et faire du ski, bien sûr, mais aussi marcher, me balader en forêt, me promener au bord des lacs, regarder la montagne, les plantes, les animaux, les oiseaux et ça, jusqu'à l'heure du déjeuner. Après le déjeuner, je vais retourner skier jusqu'au coucher du soleil. Alors, je vais rentrer dans mon appartement, me préparer un bon chocolat chaud que je vais déguster en regardant la télé. Puis je vais me déshabiller, me faire couler un bain, me prélasser dans l'eau chaude, rêvasser pendant une heure, sortir du bain, enfiler mon pyjama, préparer le dîner, le manger devant la télé, débarrasser la table, faire la vaisselle qui est dans l'évier, me brosser les dents, me coucher dans mon lit, lire quelques pages de mon livre et, enfin, m'endormir. Et le lendemain, je recommencerai. Ce sera parfait.

Dossier 3. La prononciation de tous

C'est tous les jours la même chose

Tous les matins, j'ouvre mon cabinet. Tous les jours, mes patients défilent. Et tous les jours, c'est la même chose. Ils se croient tous malades. Ils ont tous mal à la tête ou mal au ventre. Ou bien ils se trouvent tous trop gros, trop laids. Ils se plaignent tous. Tout le temps. Tous les matins. Tous les soirs. Tous. En fait, ils ont tous le même problème. Ils ont une vie trop sédentaire ; ils ne bougent pas assez ; ils passent trop de temps devant leurs écrans ; ils se déplacent toujours en voiture... Alors, je leur dis à tous la même chose : sortez un peu, faites du sport, allez au travail ou faire vos courses à pied... Alors, ils me disent tous que j'ai raison, qu'ils n'y avaient pas pensé. Ils prennent tous de bonnes résolutions. Et puis, quelques semaines plus tard, ils reviennent me voir et ils recommencent à se plaindre. Tous. C'est tous les jours la même chose.

1. Écoutez et lisez le texte ci-dessus. Soulignez le mot « tous » dans le texte.

2. Écoutez et lisez le texte encore une fois. Barrez les « s » de « tous » qui ne se prononcent pas. Dans certains cas, on prononce le « s final » de « tous » et dans certains cas, on ne le prononce pas. Pourquoi ?

Explications[설명]

Cela dépend de la *nature* du mot « tous »

<tous>의 발음은 그 성질에 따라 달라진다.

- « Tous » peut être un pronom. Il remplace un nom.

  Tous *ne sont pas d'accord.* *(Pronom sujet)*

  Je ne les regarde pas tous. *(Pronom COD)*

  Nous ne les avons pas tous *appelés.* *(Pronom COD)*

  Il nous dit à tous *merci.* *(Pronom COI)*

  ➤ *Dans ce cas, le s final doit être prononcé.*

  <Tous>는 명사를 대신하는 대명사가 될 수 있다.

  모두가 동의하지 않는다. *(주어 대명사)*

  나는 그들을 전부 바라보지 않는다. *(직접목적보어 대명사)*

  우리는 그들을 전부 부르지 않았다. *(직접목적보어 대명사)*

  그는 우리 모두에게 고맙다고 말했다. *(간접목적보어 대명사)*

  ➤ 이 경우 마지막 s 를 발음해야 한다.

- Ou bien, « tous » peut être un adjectif, placé devant un nom (avec article).

  Tous les jours, *c'est la même chose.*

  Elle pense à tous ces petits plaisirs *de la vie.*

  Tous ses amis *pensent que c'est une mauvaise idée.*
  Le marché a lieu tous les dimanches matin.

  ➤ *Dans ce cas, le s final ne se prononce pas.*

<tous>는 형용사가 될 수 있으며, 이 경우 (한정사와 함께) 명사 앞에 위치한다.

매일, 같은 일의 연속이다.
그녀는 인생의 모든 소소한 즐거움들에 대해 생각하고 있다.
그(그녀)의 모든 친구들은 그것이 좋지 않은 생각이라고 생각한다.
시장은 매주 일요일 아침마다 열린다.

➤ 이 경우 마지막 s 를 발음하지 않는다.

3. Lisez les phrases suivantes. Notez si le mot « tous » est un pronom (P) ou un adjectif (Adj). Barrez les « s » qui ne se prononcent pas et soulignez les « s » qui se prononcent. Lisez ensuite ces phrases à haute voix.

a. Il a rencontré l'amour de sa vie. Tous n'ont pas cette chance.
b. Tous les hommes sont égaux.
c. Les hommes ne sont pas tous égaux.
d. Ils sont tous partis en même temps mais ils ne sont pas tous arrivés à l'heure.
e. Il ne faut pas faire attention à tous ces détails sans importance.
f. C'est tous les jours la même chose. Ils sont tous en retard.
g. Les gens du quartier, je les connais tous.
h. Elle aime tous les chiens : les petits, les grands, les noirs, les blancs... Elle les aime tous !
i. Les étudiants ont tous le même emploi du temps.
j. Nous visitons tous les mêmes sites sur Internet.

4. Écrivez 5 phrases employant « tous » comme adjectif (suivi d'un nom). Lisez ensuite ces phrases à haute voix.

Exemple : J'ai vu tous les episodes de cette série.

5. Écrivez 5 phrases employant « tous » comme pronom. Lisez ensuite ces phrases à haute voix.

Exemple : Ces livres, je les ai tous lus.

6. Relisez le texte *C'est tous les jours la même chose* à haute voix.

Dossier 4. La prononciation de plus

Finalement, elle était guérie

Finalement, elle était guérie. Elle n'avait plus mal au dos. Elle n'avait plus de courbatures ni de fièvre. Elle n'était plus fatiguée. Elle se sentait bien. En fait, elle était en pleine forme. Le traitement du docteur Lefèvre lui avait fait plus de bien que celui du docteur Arnoux. Oui. Il était plus efficace. Et c'était tant mieux car dans un peu moins d'une semaine, elle allait être débordée de travail : elle avait obtenu un nouveau contrat avec des clients asiatiques. Cela signifiait plus d'argent, bien sûr, mais aussi plus d'heures de travail, plus de stress, plus de nuits blanches, plus de pression... Oui, ça allait être plus stressant, c'est vrai. Mais aussi plus excitant, plus passionnant même. En tous cas, c'est ce qu'elle pensait. Ainsi, elle allait recommencer à travailler comme une folle... jusqu'à ce qu'elle n'en puisse de nouveau plus...

1. Écoutez et lisez le texte ci-dessus. Soulignez le mot « plus » dans le texte.

2. Écoutez et lisez le texte encore une fois. Barrez les « s » de « plus » qui ne sont pas prononcés. À votre avis, pourquoi, dans certains cas, on prononce le « s final » de « plus » et, dans d'autres cas, on ne le prononce pas ?

Explications 설명

Cela dépend du sens de « plus » et de la nature des mots qui l'accompagnent.

<plus>의 발음은 그것의 의미와, 함께 쓰이는 단어들의 성질에 따라 달라진다.

- « Plus » peut avoir un sens négatif.

  Je n'ai plus *d'argent.*

  Il ne vient plus *nous voir.*

  Elle n'habite plus *à Séoul.*

  Nous n'avons plus *beaucoup de temps.*

  ➢ Dans ce cas, on ne prononce jamais le s final.

  <plus>는 부정의 의미를 가질 수 있다.

  내게는 더 이상 돈이 없다.

  그는 더 이상 우리를 보러 오지 않는다.

  그녀는 더 이상 서울에 살지 않는다.

  우리에게는 더 이상 시간이 많지 않다.

  ➢ 이 경우, 마지막 s 를 절대로 발음하지 않는다.

- « Plus » peut avoir un sens positif et être suivi d'un adjectif, notamment quand on fait une comparaison.

  Il est plus grand *que toi.*

  C'est le plus beau *jour de ma vie.*

  Il est plus timide *qu'elle.*

  C'est le plus intelligent *de sa classe.*

Elle est plus aimable *que lui.*

Le plus important, *c'est que vous soyez là.*

➤ Dans ce cas aussi, on ne prononce pas le s final. Mais si l'adjectif commence par une voyelle, on doit faire la liaison en [z].

<plus>는 긍정의 의미를 가질 수 있으며, 형용사를 동반할 수 있다. 특히 비교의 의미로 사용될 때 그렇다.

그는 너보다 더 키가 크다.

오늘이야말로 내 인생 최고의 날이다.

그는 그녀보다 더 소심하다.

그는 자기 반에서 가장 머리가 좋다.

그녀가 그보다 더 상냥하다.

가장 중요한 것은, 당신이 이곳에 있다는 것입니다.

➤ 이 경우에도 마지막 s 를 발음하지 않는다. 하지만 뒤에 나오는 형용사가 모음으로 시작할 경우 마지막 s 와의 리애종을 통해 [z] 로 발음한다.

- « Plus » peut avoir un sens positif et être suivi d'autre chose qu'un adjectif (un nom par exemple) ou bien être seul.

Avec mon nouveau travail, j'ai plus de *temps.*

Elle a plus d'*argent que moi.*

Tu as plus de *patience.*

Donnes-en-moi plus.

Il en veut plus.

➤ Dans ce cas, on prononce le s final.

<Plus>는 긍정의 의미를 가질 수 있으며, 형용사 외의 다른 단어(예를 들면 명사)를 동반하거나 홀로 쓰일 수도 있다.

새로운 일을 하면서 나는 더 많은 시간을 가질 수 있게 되었다.

그녀는 나보다 더 많은 돈을 가지고 있다.

네가 더 많은 인내심을 가지고 있다.

그것을 조금 더 내게 다오.

그가 그것을 더 원한다.

➤ 이 경우 마지막 s 를 발음한다.

3. Écrivez 4 phrases utilisant le mot plus avec un sens négatif. Lisez ensuite ces phrases à haute voix.

Exemple : Je n'ai plus d'argent.

4. Écrivez 4 phrases utilisant le mot plus avec un sens positif suivi d'un adjectif. Lisez ensuite ces phrases à haute voix.

Exemple : Il est plus grand que moi.

5. Écrivez 4 phrases utilisant le mot plus avec un sens positif suivi d'un nom ou employé seul. Lisez ensuite ces phrases à haute voix.

Exemples : J'ai plus de temps maintenant.
Ce n'est pas assez. J'en voudrais un peu plus.

6. Relisez le texte *Finalement, elle était guérie* à haute voix.

Dossier 5. Les liaisons et les enchaînements

Aujourd'hui, c'est le vingt et un avril

Aujourd'hui, c'est le vingt et un avril. C'est mon anniversaire. J'ai vingt ans. Cette année, mes parents ont décidé de m'organiser une fête surprise chez eux. Ils ont tout préparé. J'étais très ému. Ils ont invité tous mes amis. Ils étaient tous là. Mes amis du collège, ceux du lycée et mes nouveaux amis de l'université. C'était génial. Il y avait beaucoup de choses à manger et à boire. Le temps était super. On se serait crus en été. Nico avait amené ses platines et s'est occupé de la musique tout l'après-midi et toute la soirée. Thomas a préparé plusieurs jeux amusants : des quiz, des épreuves de forces, un jeu de société et d'autres choses. On a joué. On a mangé. On a bu. On a dansé. On a chanté aussi. Bref, on s'est bien amusés. Et à la fin de la soirée, j'ai reçu mon cadeau : une énorme armoire. Tous mes amis et ma famille se sont côtisés pour me l'offrir. Ils m'ont dit que c'était pour régler mes problèmes de rangement dans mon studio. Sur le coup, j'étais un peu surpris mais ils trouvaient tous ça trop amusant. Alors on a tous ri un bon coup.

1. Lisez d'abord les définitions de ce que sont une liaison et un enchaînement ainsi que les modifications phonétiques dans l'encadré ci-dessous.

Définitions 정의

- On appelle « liaison » le fait de prononcer une consonne finale (qui normalement ne se prononce pas) avec le début du mot suivant qui commence par une voyelle.

  단어의 마지막에 나오는 자음(그 자체로는 발음되지 않는)을 뒤따르는 단어의 첫 모음과 연결지어 발음하는 것을 <리애종>이라고 부른다.

  Un (on ne prononce pas le n). (n 을 발음하지 않는다.)
  Un‿ami (on prononce le n avec le a d' « ami »).
  (n 을 'ami'의 a 와 함께 발음한다.)

- On appelle « enchaînement » le fait de prononcer la dernière consonne (qui normalement se prononce) avec le début du mot suivant qui commence par une voyelle.

  한 단어의 마지막 자음(그 자체로 발음되는)을 뒤따르는 단어의 첫 모음과 연결지어 발음하는 것을 <연음>이라고 부른다.

  Une (on prononce le n). (n 을 발음한다.)
  Une‿amie (on prononce le n avec le a d' « amie »).
  (n 을 'amie'의 a 와 함께 발음한다.)

Les modifications phonétiques 발음의 변화

- Les lettres s et x se prononcent [z]. s 와 x 는 <z>로 발음된다.

  Il a dix‿ans [dizɑ̃].

  Elle achète des‿œufs [dezø].

- Le d se prononce [t]. d 는 <t>로 발음된다.

  Mon grand‿ami [grɑ̃tami].

  Quand‿il fait beau [kɑ̃til].

- Le f se prononce [v]. f 는 <v>로 발음된다.

  Il est arrivé à neuf‿heures [nøvœr].

2. Écoutez et lisez le texte *Aujourd'hui c'est le vingt et un avril*. Notez les liaisons et les enchaînements, comme dans l'exemple ci-dessous.

   Exemple : Aujourd'hui, c'est le vingt‿et un‿avril.

3. Quand doit-on faire la liaison ou l'enchaînement ? Quand ne peut-on pas faire la liaison ou l'enchaînement ?

Explications 설명

Certaines liaisons et enchaînements sont obligatoires. D'autres sont interdits. S'ils ne sont ni obligatoires, ni interdits, ils sont facultatifs.

리애종과 연음이 의무적인 경우도 있고, 금지되는 경우도 있다. 그 외의 경우에는 임의적으로 이루어진다.

A. *Les liaisons et enchaînements obligatoires*

- Entre le déterminant et le nom

  한정사와 명사 사이

  Des‿enfants *Mon‿argent*

  Cet‿hôpital

- Entre le pronom et le verbe

  대명사와 동사 사이

  Nous‿aimons les voyages.

  Jouent‿-ils dehors? *Prends‿-en encore !*

- Entre l'adjectif et le nom qui le suit

  형용사와 뒤따르는 명사 사이

  Mon petit‿ami *Un grand‿homme*

- Entre les adverbes *très* et *trop* et l'adjectif

  부사 *très, trop* 와 형용사 사이

  Elle est très‿intelligente. *C'est trop‿important.*

- Entre le verbe *être* et l'attribut du sujet

  être 동사와 주어의 속사 사이

  C'est‿un chat. *Jean est‿un ami.*
  C'est‿une jolie maison. *Elle est‿iranienne.*

- Entre la préposition monosyllabique et le syntagme nominal (le déterminant ou le pronom)

  단음절 전치사와 명사구(한정사 혹은 대명사) 사이

  J'arrive dans‿une heure.
  Il s'est retrouvé sans‿un sou.
  Nous dormirons chez‿eux.

- Dans certaines locutions figées

  몇몇 관용구에서

  De temps‿en temps ; avant‿hier ; c'est‿à-dire ;
  plus‿ou moins ; plus‿en plus ; en‿effet ;
  tout‿à fait ; tout‿à coup ; etc.

4. Notez les liaisons et les enchaînements obligatoires dans les phrases ci-dessous puis lisez-les à haute voix.

a. Ces enfants sont mes amis.

b. Vous aimez les avocats ?

c. Cette étoile qui brille, c'est l'étoile du berger.

d. Il n'est pas trop aimable.

e. Je loge chez un cousin pendant quelques jours.

f. Ce film raconte une belle histoire très amusante.

g. Nous habitons dans un grand immeuble moderne.

h. De temps en temps, elles aiment aller au zoo pour observer de grands oiseaux dans une cage.

B. *Les liaisons et enchaînements interdits*

- Entre le groupe nominal sujet et le verbe

주어로 사용된 명사구와 동사 사이

Les enfants X ont acheté des bonbons.

Mes amis X écrivent des romans.

- Entre le nom au singulier et l'adjectif

단수명사와 형용사 사이

Un étudiant X intelligent

Un Italien X amoureux

- Entre le participe passé et son complément

  과거분사와 보어 사이

  Ils sont allés X à l'école.

  Elles sont parties X en bus.

  Ils sont venus X à la Toussaint.

- Entre le verbe infinitif et la préposition *à* qui le suit

  부정법으로 쓰인 동사와 뒤따르는 전치사 *à* 사이

  Je vais commencer X à travailler dans‿une‿heure.

  Nous allons jouer X au tennis.

- Entre le pronom sujet et le participe passé ou le verbe infinitif qui le suit

  주어 대명사와 과거분사 혹은 부정법으로 쓰인 동사 사이

  Vont-ils X arriver à l'heure ?

  Ont-elles X écouté les instructions attentivement ?

  Êtes-vous X allé à la plage du Prado ?

- Entre les différents groupes rythmiques dans la phrase

  한 문장 내의 서로 다른 리듬 단락 사이

  Les jeunes jouent X au tennis X au stade polyvalent X avec leurs‿amis X à 16‿heures.

  Ils sont partis X à 8 heures X en bus.

- Avant et après « et »

« et »의 앞, 뒤에서

Des chats X *et* X *un chien*

Il est fort X *et* X *agile.*

Exception 예외 : *Vingt‿et* X *un*

- Après « cent » dans un nombre

숫자 « cent »(100) 다음

Cent- X *un*

Deux-cent- X *huitième*

Mais 하지만 : *Elle est décédée à l'âge de cent‿ans.*

- Avant « onze »

숫자 « onze »(11) 앞에

Quatre-vingt- X *onze*

Je pars dans X *onze jours*

- Avant un « h aspiré »

« 유음 h » 앞에

Les X *Hollandais*

Un X *hamster*

- Avec la consonne qui suit un « r »

  « r » 다음에 나오는 자음과 함께

  Bord X à bord

  Elle est fort X aimable.

  Un court X avantage

  Le port X autonome de Marseille

5. Notez les liaisons et les enchaînements interdits dans les phrases ci-dessous puis lisez-les à haute voix.

   a. Les Coréens aiment beaucoup le baseball.
   b. J'ai un cousin italien.
   c. Ils se sont rencontrés à Rennes.
   d. Tu dois t'habituer à cette situation.
   e. Allez-vous arriver à l'heure?
   f. En général, ils voyagent au printemps en bus ou en train.
   g. Il y a cent-un Hollandais et quatre-vingt-onze Hollandaises.
   h. Mon frère est grand et intelligent.

C. *Les liaisons et enchaînements facultatifs*

- Ni obligatoires, ni interdits, les liaisons et enchaînements sont facultatifs. Entre l'auxiliaire avoir ou être et le participe-passé, par exemple, la liaison est facultative. Exemples :

  의무적이지도, 금지되어 있지도 않은 경우 리애종과 연음은 임의적이다. 예를 들어 조동사 avoir 나 être 와 과거분사 사이에서 리애종은 임의적이다.

  Je suis allé à la mer. / Je suis‿allé à la mer.

  Nous avons aimé ce film. / Nous avons‿aimé ce film.

6. Écoutez les phrases ci-dessous et notez les liaisons et les enchaînements que vous entendez. Ensuite, lisez-les à haute voix en respectant bien les liaisons et les enchaînements.

a. Ils adorent faire des enfantillages.
b. Les étudiants aiment leurs enseignants.
c. Cette femme est étonnante !
d. Il a un fort accent étranger.
e. Vont-ils arriver à faire de gros efforts ?
f. Le grand Hôtel est au bout de l'avenue des Hollandais.
g. Il est très amusant et il a beaucoup d'amis mais il est trop impatient.
h. Elle allait chez un client et elle a vu un accident effrayant en chemin.

7. Lisez les phrases ci-dessous et notez les liaisons et les enchaînements. Relisez-les à voix haute.

a. Vous habitez en Italie ?
b. Sa petite amie est allemande.
c. Ils atterriront au Portugal après une escale en Espagne.
d. Pourquoi est-il trop occupé en ce moment ?
e. C'est une question vraiment très intéressante.
f. Les candidats ont beaucoup de pression avant l'entretien oral.
g. Dans une semaine, nous serons en hiver. Nous irons à la montagne dans les Alpes.
h. Nos amis sont allés à Montpellier au bord de la mer en bus à six heures du matin.

8. Relisez le texte *Aujourd'hui, c'est le vingt et un avril* à haute voix en respectant les liaisons et les enchaînements.

Dossier 6. Le découpage syllabique

Demain, dès l'aube de Victor Hugo

Demain, dès l'aube, à l'heure où blanchit la campagne,
Je partirai. Vois-tu, je sais que tu m'attends.
J'irai par la forêt, j'irai par la montagne.
Je ne puis demeurer loin de toi plus longtemps.
Je marcherai les yeux fixés sur mes pensées,
Sans rien voir au dehors, sans entendre aucun bruit,
Seul, inconnu, le dos courbé, les mains croisées,
Triste, et le jour pour moi sera comme la nuit.
Je ne regarderai ni l'or du soir qui tombe,
Ni les voiles au loin descendant vers Harfleur,
Et quand j'arriverai, je mettrai sur ta tombe
Un bouquet de houx vert et de bruyère en fleur.

1. Écoutez et lisez le poème ci-dessus

2. Lisez encore une fois le poème en détachant bien chaque syllabe (ou « pied ») et en respectant les poses puis relisez chaque vers normalement en faisant attention à bien articuler (/ correspond à une pause courte ; // à une pause un peu plus longue ; /// à une pause longue qui correspond à un point).

De/main//dès/l'aub(e)//à/l'heu/r(e)‿où/blan/chit/la/cam/pagn(e)// (12 syllabes)
Demain, dès l'aube, à l'heure où blanchit la campagne,
Je/par/ti/rai///Vois/tu//je/sais/que/tu/m'a/ttends/// (12 syllabes)
Je partirai. Vois-tu, je sais que tu m'attends.
J'i/rai/par/la/fo/rêt//j'i/rai/par/la/mon/tagn(e)/// (12 syllabes)
J'irai par la forêt, j'irai par la montagne.
Je/ne/puis/de/meu/rer/loin/de/toi/plus/long/temps/// (12 syllabes)
Je ne puis demeurer loin de toi plus longtemps.
Je/mar/che/rai/le/s‿yeux/fi/xés/sur/mes/pen/sées// (12 syllabes)
Je marcherai les yeux fixés sur mes pensées,
Sans/rien/voir/au/de/hors//san/s‿en/ten/dr(e)‿au/cun/bruit// (12 syllabes)
Sans rien voir au dehors, sans entendre aucun bruit,
Seul//in/co/nnu//le/dos/cour/bé//les/mains/croi/sées// (12 syllabes)
Seul, inconnu, le dos courbé, les mains croisées,
Trist(e)//et/le/jour/pour/moi/se/ra/co/mme*/la/nuit/// (12 syllabes)
Triste, et le jour pour moi sera comme la nuit.
Je/ne/re/gar/de/rai/ni/l'or/du/soir/qui/tomb(e)// (12 syllabes)
Je ne regarderai ni l'or du soir qui tombe,
Ni/les/voi/le*/s‿au/loin/de/scen/dant/vers/Har/fleur// (12 syllabes)
Ni les voiles au loin descendant vers Harfleur,
Et/quand/j'a/rri/ve/rai//je/me/ttrai/sur/ta/tomb(e)/ (12 syllabes)
Et quand j'arriverai, je mettrai sur ta tombe
Un/bou/quet/de/houx/vert/et/de/bru/yè/r(e)‿en/fleur///(12 syllabes)
Un bouquet de houx vert et de bruyère en fleur.

Remarques 주의할 점

En poésie, il arrive qu'un « e muet » qui normalement n'est pas prononcé soit volontairement prononcé pour respecter le nombre de syllabes (qu'on appelle aussi « pieds ») du vers.

일반적인 경우에는 '무음 e'는 발음하지 않는 것이 원칙이지만, 시에서는 행의 음절('운각'이라고도 불리는) 수를 맞추기 위하여 임의적으로 발음되는 경우도 있다.

3. Notez les liaisons dans les phrases suivantes puis faites-en le découpage syllabique. Lisez ensuite ces phrases en séparant bien chaque syllabe oralement. Enfin, relisez-les normalement.

a. Il a beaucoup travaillé. (7 syllabes)

b. C'est une ancienne amie. (6 syllabes)

c. Je suis allé au cinéma en voiture. (11 syllabes)

d. C'est une lumière éblouissante. (8 syllabes)

e. Ton thé t'a-t-il ôté ta toux ? (8 syllabes)

f. Elle a assisté à un spectacle de cirque hier soir. (13 syllabes)

g. Accepteriez-vous de prendre un verre avec eux ce dimanche ? (15 syllabes)

h. Ce sont les hommes les plus heureux que je connaisse. (12 syllabes)

4. Faites le découpage syllabique du poème ci-dessous de manière à obtenir uniquement des vers de 12 pieds (= syllabes en poésie). Lisez ensuite le poème en séparant oralement chaque syllabe. Enfin, relisez le poème normalement.

Sensation, d'Arthur Rimbaud

Par les soirs bleus d'été, j'irai dans les sentiers, (12 pieds)
Picoté par les blés, fouler l'herbe menue, (12 pieds)
Rêveur, j'en sentirai la fraîcheur à mes pieds. (12 pieds)
Je laisserai le vent baigner ma tête nue. (12 pieds)

Je ne parlerai pas, je ne penserai rien, (12 pieds)
Mais l'amour infini me montera dans l'âme, (12 pieds)
Et j'irai loin, bien loin, comme un bohémien, (12 pieds)
Par la nature, -- heureux comme avec une femme. (12 pieds)

Vous pouvez écouter et répéter le poème ici :

http://wheatoncollege.edu/vive-voix/par-auteur/
http://www.youtube.com/watch?v=YXiqOCrwyis
(Interprétation de Robert Charlebois)

Dossier 7. L'accent d'insistance

***La classe américaine (le grand détournement, 1993)*, de Michel Hazanavicius★ et Dominique Mézerette**

Extrait n°1 *(24 min 25s – 25 min 21s).*

- Ok, j'arrive, mais arrête de tirer sur ouam.
- Viens ici. Qu'est-ce que tu fous avec les bras en l'air ? Je t'ai dit de les lever ? Baisse tes bras. C'est moi qui les lève.
- Ben non, c'est à moi de les lever.
- Non, c'est à moi de les lever. C'est moi qui décide. Et puis d'ailleurs, arrête de faire tout comme moi. Baisse tes bras et prends ton flingue au lieu d'être là à me copier.
- Mon flingue ? Avec plaisir.
- Tout compte fait, je préfère garder mon flingue. Désolé. Et je vais partir avec mon cheval. Vieux.
- Y a pas de problème, comme tu veux. Je vais juste le préparer pour toi.
- Non, j'ai changé d'avis. Tu prends le cheval et tu te casses.
- Ok.
- Putain. Je me suis mal démerdé. Pourtant j'ai pas fait une concession.

Extrait n°2 *(25 min 35 s – 27 min 04 s).*

- Mais je te reconnais toi. Je t'ai déjà vu quelque part. Je suis sûr que je te reconnais.
- Désolé mais c'est moi qui te reconnais. Je t'ai vu le premier. Toi, tu m'as vu en deuxième. Vu ?

- Ben... Je t'ai vu le deuxième alors, voilà.
- Perdu. C'est aussi moi qui t'ai vu le deuxième.
- Oh, dis donc t'es super fort.
- Je suis pas super fort. Je suis mieux que ça même. Je suis surpuissant.
- Bon. Ben lui il va me prendre la tête.
- Ça fait plusieurs fois que je te croise. T'es toujours sur mon chemin. Tu veux quoi ?
- Mais c'est peut être toi qui es sur mon chemin. Pas moi.
- C'est pas mal, ça, le pin's sur la cravate.
- C'est la classe.
- Mais au fait, toi ? D'où tu viens ?
- Moi je suis juif.
- T'es juif toi ?
- Oh oui, je suis juif. Et si tu veux tout savoir, je suis même juif arabe.
- Juif arabe ? Hmmm... Je préfère les séfarates, tu sais ? Ah mon avis, juif et arabe, c'est bizarre. Moi, j'aime pas les gens bizarres.
- Hé merde. Je peux pas encadrer les nazis. Mais laisse tomber.
- Précise ta pensée.
- Pour être tout à fait exact, je pense que t'es un ouf toi, un ouf malade. En plus c'est du racisme.
- Ça c'est ton opinion personnelle, que je suis raciste. Si tu veux mon avis, s'il y a un raciste ici, c'est ouat.
- De toute façon ça sert à rien de discuter avec toi, t'as toujours raison.
- Si. Ça sert de discuter. C'est toi qui as toujours raison.

Michel Hazanavicius (né en 1967) est un réalisateur français. En 2012, son film *The Artist* (2010), film muet en noir et blanc avec Jean Dujardin dans le rôle principal a obtenu l'Oscar du meilleur film, du meilleur réalisateur et du meilleur interprète masculin ce qui a valu à Michel Hazanavicius la reconnaissance de ses pairs. *La classe américaine* est une œuvre originale composée d'extraits de plus de 50 films réalisés entre les années 50 et les années 80 avec les mêmes acteurs dont John Wayne qui a le rôle principal. Ces extraits ont alors été montés ensemble et doublés suivant des dialogues réécrits afin de créer un film humoristique inédit.

미셸 아자나비시우스(1967 ~)는 프랑스 영화감독이다. 그가 연출한 장 뒤자르뎅 주연의 흑백 무성 영화 <아티스트>(2010)는 2012년 아카데미 시상식에서 작품상과 감독상, 남우주연상을 휩쓸었다. 아카데미 수상은 미셸 아자나비시우스가 영화계에 자신의 이름을 각인시키는 계기가 되었다. <어메리칸 클래스>는 1950년대와 80년대 사이에 상영되었던 50여편의 영화들에서 발췌한 부분들로 구성된 독특한 작품이다. 작품 속에는 존 웨인을 비롯한 원작의 배우들도 그대로 모습을 드러낸다. 아자나비시우스는 발췌 부분들을 함께 편집하여 새로 쓰여진 대화를 덧입혀 더빙하는 방식으로 전대미문의 코믹 영화를 만들어냈다.

Michel Hazanavicius au festival de Cannes en 2015
2015년 칸느 영화제에서의 미셸 아자나비시우스
(© Georges Briard / Creative Commons Attribution-Share Alike 3.0 Unported)

Remarques 주의할 점

L'accent d'insistance est un accent qui sert à mettre en valeur, à insister sur le(s) mot(s) important(s) dans une phrase. On place l'accent sur la première syllabe de ce mot.

강조 액센트는 문장 내에서 중요한 단어(들)를 돋보이게 하고 강조하는 역할을 한다. 강조하고자 하는 단어의 첫 번째 음절에 액센트를 준다.

1. Regardez et écoutez les deux extraits vidéo en lisant les dialogues ci-dessus. Soulignez les accents d'insistance*.

2. Écoutez encore une fois et répétez les dialogues ci-dessus en insistant bien sur les mots accentués.

3. Lisez les phrases suivantes en mettant un accent sur la syllabe soulignée.

a. Cette maison est belle.
b. Cette maison est très belle.
c. Cette maison est vraiment très belle.
d. Je ne suis pas ton ami(e).
e. Ce n'est pas ton stylo. C'est mon stylo.
f. Ça m'a coûté cent-cinquante euros !

4. Transformez les phrases comme dans l'exemple en utilisant un pronom tonique (moi, toi, lui/elle, nous vous, eux/elles). Ensuite, lisez-les en mettant un accent sur ce pronom tonique.

Exemple : J'ai appelé les secours. >
C'est <u>moi</u> qui ai appelé les secours.

a. Je l'ai fait. >

b. Tu as menti. >

c. Il a prévenu la police. >

d. Nous sommes ses héritiers. >

e. Ils ont volé tout mon argent. >

f. Elles ont remporté le grand prix. >

5. Lisez les phrases suivantes en mettant l'accent d'insistance au bon endroit.

a. Je suis trop fatigué.

b. Elle est vraiment contente.

c. Il ne faut pas parler fort en classe.

d. Cinquante euros ? C'est cher !

6. Lisez le dialogue suivant en mettant des accents d'insistance sur les mots qui vous semblent importants.

A- Je suis plus grand que toi.

B- Non. Je suis plus grand que toi.

A- Ah oui ? Et tu fais quelle taille ?

B- Je mesure un mètre soixante-dix-huit.

A- Ah oui ? Eh bien moi, je mesure un mètre soixante-dix-neuf.

B- Vraiment ? Tu as raison alors. Tu es plus grand que moi. Mais je suis plus sportif que toi.

A- Tu as tort. Je suis plus sportif que toi. Je fais du tennis, de la natation, du foot, de la course à pied et même du basket trois fois par semaine !

Chapitre 2.

L'écrit

8. Les majuscules
9. La ponctuation
10. Les dates
11. Les nombres

8. 대문자
9. 구두점
10. 날짜
11. 수

Dossier 8. Les majuscules

Quelques célébrités françaises qui ne sont pas françaises

Beaucoup de Français pensent que certaines personnes célèbres en France sont françaises alors qu'elles ne le sont pas. L'Espagnol Picasso, par exemple, est un peintre qui a d'abord connu la célébrité en France donc de nombreux Français pensent qu'il est français. Mais ce n'est pas vrai. Salvador Dali non plus n'est pas un peintre français mais bien, lui aussi, un peintre espagnol. Lui aussi, il est né en Espagne, en Catalogne. Marie Curie, la célèbre physicienne a été naturalisée française. Mais elle est née en Pologne, à Varsovie. Elle est donc d'origine polonaise. Frédéric Chopin aussi est polonais. C'est un compositeur de musique. Il y a aussi la chanteuse Joséphine Baker. Cette Américaine qui chante en français et qui a connu plus de succès en France que dans son pays d'origine n'a obtenu la nationalité française qu'en 1937, à 31 ans. Que dire enfin de Charlemagne, l'empereur qui a régné sur une grande partie de l'Europe à la fin du VIIIe et au début du IXe siècles? Si les Français le considèrent comme un roi français, les Allemands, eux, revendiquent ses origines allemandes. En tous cas, ce qui est sûr, c'est qu'il était européen!

1. Écoutez et lisez le texte ci-dessus.

2. Lisez encore une fois ce texte. Relevez les mots comportant une majuscule. Que remarquez-vous ?

Explications 설명

- De manière générale, les majuscules concernent tous les noms propres : les noms de personnes, de lieux (villes, pays, régions, etc.) ainsi que les noms de grandes institutions ou de grands événements historiques :

  일반적으로 대문자는 고유명사를 표시할 때 사용된다 : 사람의 이름, 장소명(도시, 국가, 지역 등), 유명 교육기관이나 대규모 역사적 사건들의 이름

  Napoléon, Georges Washington, Louis XIV, Charlemagne, Paul Valéry, Louise Michel...

  나폴레옹, 조지 워싱턴, 루이 14세, 샤를마뉴, 폴 발레리, 루이즈 미셸

  L'Europe, la Corée, Paris, Séoul, New-York, les États-Unis, le Mont-Blanc, la Grande-Bretagne...

  유럽, 한국, 파리, 서울, 뉴욕, 미국, 몽블랑, 영국

Le Collège de France, l'Alliance française, l'École nationale d'administration, l'Institut Pasteur…

콜레쥬 드 프랑스, 알리앙스 프랑세즈, 국립행정학교, 파스퇴르 연구소

L'Antiquité, le Moyen-Âge, la Renaissance, le Siècle des Lumières, la Révolution française…

고대, 중세, 르네상스, 계몽주의 시대, 프랑스 혁명

- On met également une majuscule en début de phrase (après un point) :

문장을 시작할 때(마침표 다음)도 대문자를 사용한다.

Jeanne est grande. Elle est belle. Elle est professeure d'histoire.

잔은 키가 크다. 그녀는 아름답다. 그녀는 역사 교수이다.

- Enfin, il est fortement recommandé de mettre également les accents sur les majuscules :

대문자로 쓰여진 부분에는 동일한 액센트를 부여해야 한다.

Les États-Unis. À demain. Être ou ne pas être…

미국. 내일 봅시다. 사느냐 죽느냐…

Remarques 주목할점

- Les noms de peuples et d'habitants prennent une majuscule lorsqu'ils sont employés en tant que substantifs :

  민족이나 거주민들의 이름은 명사로 사용될 때만 대문자로 표기한다.

  Les Américains, les Chinois, les Coréens, les Nord-Africains, les Anglo-Saxons...

  미국인들, 중국인들, 한국인들, 북아프리카인들, 앵글로-색슨 족들

  Un Marseillais, un New-Yorkais, un Parisien...

  마르세유인, 뉴요커, 파리지앵

  Un Européen, un Provençal, un Écossais...

  유럽인, 프로방스인, 스코틀랜드인

- Par contre, ils s'écrivent en minuscules lorsque qu'ils sont employés comme adjectifs :

  형용사로 쓰일 경우에는 소문자로 표기한다.

  Le peuple suédois ; les Canadiens français ; il a été naturalisé allemand...

  스웨덴 국민, 프랑스 출신 캐나다인, 그는 귀화한 독일인이었다.

- Quand il s'agit de la langue parlée dans le pays, on l'écrit également en minuscule :

  해당 지역에서 쓰이는 언어의 경우 소문자로 표기한다.

  Il traduit le russe et le japonais ; j'ai appris le coréen et l'anglais à l'université.

  그는 러시아어와 일본어 번역을 한다 ; 저는 대학에서 한국어와 영어를 배웠습니다.

3. Écrivez des majuscules dans les phrases suivantes lorsque c'est nécessaire.

a. je suis timide mais je me soigne.

b. il a visité l'allemagne, l'angleterre et l'italie.

c. j'ai rendez-vous avec jules et léo le weekend prochain à strasbourg.

d. danton, robespierre et marat sont des personnages importants de la révolution française.

e. c'est en plastique. c'est de forme allongée. ça marche avec de l'électricité. c'est incassable.

f. le matin robert se lève ; puis, il se lave ; ensuite, il s'habille.

4. Écrivez des majuscules dans le texte suivant lorsque c'est nécessaire.

l'académie française a été fondée en 1635 par la cardinal de richelieu qui en est devenu « le chef et le protecteur » (fonction aujourd'hui exercée par le chef de l'état). la principale fonction de l'académie est de donner des règles certaines à la langue française, de la rendre pure et d'en fixer les normes en publiant et en mettant à jour régulièrement un dictionnaire et une grammaire de la langue française. les membres de l'académie sont les académiciens mais on les appelle plus communément « les immortels ». ils sont au nombre de 40. ce sont surtout des hommes de lettres comme marivaux, voltaire, chateaubriand, victor hugo ou, plus récemment, françois mauriac, erik orsenna ou encore marcel pagnol mais aussi des sociologues, des anthropologues ou des philosophes comme claude lévi-strauss ou henri bergson. on y trouve également des scientifiques comme louis pasteur ou des hommes politiques comme valéry giscard d'estaing. la première femme élue à l'académie française fût marguerite yourcenar en 1980. depuis, sept autres femmes ont été élues.

Dossier 9. La ponctuation

Mon Aglaé

Version 1 :

Mon Aglaé, j'ai pris une grande décision. J'ai eu, hier, une violente discussion à propos de notre mariage. Maintenant, tout est fini. Entre nous, ils se sont montrés odieux. Papa a dit :

- « Grand-père te tuera si tu épouses cette fille ! »

- Mais non » a ajouté maman.

Je saurai te défendre. Tu as compris, ils veulent que j'épouse Charlotte, la fille de la charcutière qui est laide. Comme toi, je la trouve grotesque mais elle est riche. Il n'y a plus à hésiter et mon choix est fait : t'oublier ? Moi ? Jamais ! Je serais un sale type en épousant Charlotte. C'est avec toi que je me marierai !

Ton Gaston.

Version 2 :

Mon Aglaé, j'ai pris une grande décision. J'ai eu hier une violente discussion. À propos de notre mariage, maintenant, tout est fini entre nous. Ils se sont montrés odieux ! Papa a dit :

- « Grand-père te tuera si tu épouses cette fille ! »

- « Mais non », a ajouté maman, « je saurai te défendre ».

Tu as compris, ils veulent que j'épouse Charlotte, la fille de la charcutière qui est laide comme toi. Je la trouve grotesque mais elle est riche : il n'y a plus à hésiter et mon choix est fait : t'oublier. Moi, jamais je serais un sale type en épousant… Charlotte, c'est avec toi que je me marierai ! Ton Gaston.

1. Écoutez et lisez les deux textes ci-dessus. Que remarquez-vous ? Qui Gaston va-t-il épouser ?

2. Relisez les deux textes ci-dessus et observez bien la ponctuation. Essayez de trouver les règles typographiques du français.

Tableau récapitulatif des espaces avant et après les signes de ponctuation :구두 표시 앞, 뒤 공간에 대한 요점 일람표

Signe	Nom	Règle
.	Le point	Un espace après uniquement. 뒤에 한 칸 띄우기
,	La virgule	
…	Les trois points de suspension	
;	Le point-virgule	Un espace avant et après. 앞 뒤로 한 칸 띄우기
:	Les deux points	
!	Le point d'exclamation	
?	Le point d'interrogation	
«	Le guillemet ouvrant	
»	Le guillemet fermant	
–	Le tiret	
(	La parenthèse ouvrante	Un espace avant, pas d'espace après. 앞에만 한 칸 띄우기, 뒤에는 띄우지 않음
)	La parenthèse fermante	
[	Le crochet ouvrant	
]	Le crochet fermant	

Remarques 주의할 점

- Tous les signes formés de deux signes (le point-virgule, les deux points, les guillemets, etc.) comportent un espace avant et après, le tiret également, c'est « l'exception qui confirme la règle ».

  두 개의 부호가 합쳐져 만들어진 모든 문장 부호(세미콜론, 콜론, 인용부호)들은 앞 뒤로 한 칸씩을 띄우는 것이 원칙이다. 티레(줄표) 역시 마찬가지인데, 이것은 « 규칙 내에서 허용되는 예외 »이다.

- Le point, le point d'interrogation ainsi que le point d'exclamation sont toujours suivis d'une majuscule.

  마침표, 물음표, 느낌표 다음에 쓰이는 단어는 항상 대문자로 시작한다.

3. Lisez le texte ci-dessous. Trouvez la ponctuation manquante.

Frédéric avance jusqu'au portail___ Il saute à pieds joints dans la neige qui recouvre le trottoir___ Puis il fait un grand pas prudent___ se retourne et voit son empreinte___ Il est satisfait___ Il renverse la tête en arrière autant qu'il le peut et ouvre la bouche pour y laisser entrer la neige___ Il tire même la langue pour attraper des flocons et il reste ainsi un moment___ avalant la neige___

4. Lisez les phrases suivantes. Trouvez la ponctuation manquante.

a. Quel beau paysage___ s'exclama-t-elle___
b. Nous aimons beaucoup prendre notre petit-déjeuner sur cette terrasse au soleil___
c. Quel est ce monument que nous apercevons au loin___
d. J'aimerais___ Enfin___ vous comprenez___
e. Avez-vous vu sa montre___
f. Léo pense qu'il faut apporter les choses suivantes___ une bouteille de vin blanc___ un gâteau___ un bouquet de fleur et une carte d'anniversaire___

5. Observez les deux phrases suivantes. Qui est un sauvage dans la première phrase ? Et dans la deuxième ? Sur le même modèle, ajoutez de la ponctuation aux phrases ci-dessous pour en changer le sens.

Robinson dit : « Vendredi est un sauvage. »
▶ *« Robinson, dit Vendredi, est un sauvage. »*

Le professeur dit l'élève est idiot
▶ Le professeur dit l'élève est idiot

Il laisse son héritage à sa femme non à son fils
▶ Il laisse son héritage à sa femme non à son fils

Dossier 10. Les dates

La construction de l'Union européenne

Robert Schuman, ministre français des Affaires étrangères proposera au cours d'un discours, le 9 mai 1950, l'idée de Jean Monnet d'une mise en commun des ressources en charbon et en acier de la France et de l'Allemagne au sein d'une organisation ouverte aux autres pays d'Europe. Cette déclaration marquant le début de la construction européenne, la Journée de l'Europe est ainsi célébrée tous les ans dans tous les pays membres de l'Union européenne le 9 mai.

Le 18 avril 1951, six États européens (l'Allemagne, la Belgique, la France, l'Italie, le Luxembourg et les Pays-Bas) signeront ainsi le premier traité européen – le traité de Paris – créant la Communauté européenne du Charbon et de l'Acier (la CECA). La construction européenne est lancée... Quelques années plus tard, en 1957, les six mêmes États décident de se lancer également dans une collaboration économique et commerciale (en d'autres termes une coopération dans des domaines se rapportant à l'argent et au commerce) en signant les traités de Rome le 25 mars 1957 : c'est la naissance de la Communauté économique européenne (CEE).

En 1973, le Danemark, l'Irlande et le Royaume-Uni rejoignent la CEE, suivis par la Grèce en 1981 puis l'Espagne et le Portugal en janvier 1986. L'Europe des 12 devient l'Europe des 15 avec l'adhésion de l'Autriche, de la Fin-

lande et de la Suède **en 1995.** L'Union européenne compte aujourd'hui 28 pays membres depuis l'arrivée de la Croatie **le 1er juillet 2013**.
Au cours du traité de Maastricht entré en vigueur **le 1er novembre 1993** sera décidée la création d'une « monnaie unique sous l'égide d'une Banque centrale européenne », l'euro. Les Européens l'utilisent depuis **le 1er janvier 2002.**

1. Écoutez l'extrait ci-dessus (sans le texte) et retrouvez la date pour chacun des événements ci-dessous.

Discours de Schuman	
Europe des 12	
Adhésion de la Croatie	
Traité de Maastricht	
Utilisation de l'euro	
Traité de Rome	

2. Écoutez à nouveau l'extrait et lisez-le à voix haute.

Remarques 주의할 점

- En français, les dates s'écrivent dans l'ordre suivant : Le jour / le mois / l'année.

  프랑스어에서 날짜 표기는 다음 순서로 진행된다 : 일/월/년

  Ainsi, le 05/10/11 signifie le 05 novembre 2011.

  05/10/11은 2011년 11월 5일을 의미한다.

- Le mois de l'année ne s'écrit pas en majuscule :

  월을 나타내는 단어의 처음 철자는 대문자로 쓰지 않는다.

  Je suis né le 12 septembre 1980.

  저는 1980년 9월 12일에 태어났습니다.

- La date précise est précédée de l'article « le » ; le mois ou l'année sont précédés de la préposition « en » :

  날짜를 표시하는 숫자 앞에는 정관사 « le »가 쓰인다. 월이나 년을 표시할 때는 전치사 « en »을 앞에 붙인다.

  Elle s'est mariée le 26 août 2015. Ils se sont rencontrés en avril 2010. J'ai obtenu le bac en 2006.

  그녀는 2015년 8월 26일에 결혼했다. 그들은 2010년 4월에 만났다. 저는 2006년에 바칼로레아를 취득했습니다.

- Si on écrit la date seulement en chiffres, ils seront séparés par des points ou par un trait :

  날짜를 숫자로만 표기할 경우, 마침표나 선으로 구분해준다.

  15/10/80 ou 15.10.80

- Le premier jour de chaque mois est appelé « premier » :

  매월의 첫째 날은 « premier »로 불린다.

  Le premier mai (le 1er mai) ; le premier septembre (le 1er septembre).

  5월 1일, 9월 1일

- Le premier jour de l'année (le premier janvier) est appelé « le jour de l'an ».

  해의 첫 날(1월1일)은 « le jour de l'an »이라고 한다.

  En général, on écrit en lettres les expressions suivantes :

  문자로 표기할 때는 대체로 다음의 예를 따른다 :

  Les années vingt ; les années trente ; etc.

  20년대 ; 30년대 등

3. Lisez les dates suivantes et écrivez-les en toutes lettres.

a. 01/01/08 :

b. 10/07/05 :

c. 25/12/15 :

d. 01/06/77 :

4. Écoutez les phrases suivantes et écrivez (écrivez les dates en chiffres).

5. Dictée. Écoutez l'enregistrement et écrivez.

Dossier 11. Les nombres

La France en chiffres

Population totale en 2015 : 66 206 930 habitants
Accroissement naturel : 0,4 %
Densité : 121 habitants/km^2
Population urbaine : 79,3 %
Population des principales métropoles :
Paris (11 862 466) ; Lyon (1 927 448) ; Marseille (1 747 515) ;
Lille (1 356 218) ; Toulouse (1 261 946)
Religion :
Catholiques 62 %, Musulmans 6 %, Protestants 1 %, Juifs 1 %,
Sans religion 26 %
Ordinateurs : 65,2 pour 100 habitants
Lignes de téléphone : 61,9 pour 100 habitants
Utilisateurs d'internet : 83,0 pour 100 habitants
Accès à l'électricité : 100 % de la population

D'après : planet-expert.com (2015)

1. Écoutez et lisez l'extrait ci-dessus.

Quelques remarques[1] 몇 가지 주의할 점

- On écrit en chiffres arabes les quantités et mesures, les dates, les heures, les minutes et secondes, les âges :

  분량과 크기, 날짜, 시간, 분, 초, 나이는 아라비아 숫자로 표기한다.

  Cette ville compte aujourd'hui 3 876 980 habitants.

  이 도시에는 오늘날 3 876 980 명의 주민이 거주하고 있다.

  Il mesure 1,70 m ; elle pèse 51 kg.

  그의 키는 1,70m 이고, 그녀의 몸무게는 51kg이다.

  La prise de la Bastille a eu lieu le 14 juillet 1789.

  바스티유 함락은 1789년 7월 14일에 이루어졌다.

  Le train arrivera à 14 h 07.

  기차가 14시 7분에 도착할 것이다.

  Elle est âgée de 56 ans ; il a 20 ans.

  그녀의 나이는 56세이다 ; 그의 나이는 20세이다.

- Les devises prennent un *s* au pluriel et on doit laisser un espace entre le prix et le sigle.

  통화를 표기할 때는 복수일 경우 s 를 붙여주어야 하며 금액과 약호 사이에 한 칸을 띄운다.

  Un euro, des euros, 25 euros ; un cent, des cents, 18 cents. 30 euros ou 30 €.

---

1) Source : Lexique des règles typographiques en usage à l'Imprimerie nationale, 2004

- On écrit les prix et les quantités avec des nombres décimaux de la manière suivante :

  금액이나 분량을 소수점으로 표기할 때는 다음의 방식을 따른다 :

  15,56 euros ou 15,56 € mais on lit « 15 euros 56 ».

  2,50 mètres ou 2,50 m mais on lit « 2 mètres 50 ».

  70,30 kilogrammes ou 70,30 kg mais on lit « 70 kilogrammes 50 ».

- Les nombres en chiffres s'écrivent par tranches de trois (tranches de mille) séparées par un espace, aussi bien pour la partie entière que pour la partie décimale :

  숫자를 표기할 때는 세 개의 단위(천 단위)로 나누어 한 칸을 띄어 주며, 소수점 이하 표기에서도 동일한 원칙이 적용된다.

  5 890 ; 456 972 ; 12 456 834 ; 1 456,67 ; 69,333 333 ; etc.

  ! Sauf si les nombres servent à numéroter (millésimes, matricules, pages, etc.) :

  ! 단, 번호를 매기기 위해 숫자를 사용할 때(제조년도,등록 대장, 페이지 등) 는 세 개의 단위로 띄어쓰지 않는다:

  Prenez la page 1346 de votre livre.
  여러분의 책 1346페이지를 보세요.

  Il s'agit d'un vin de Bourgogne de 1984.
  1984년 산 부르고뉴 포도주가 문제입니다.

- Pour les décimaux, on utilise une virgule et non un point :

  소수점 표기는 마침표가 아니라 쉼표로 한다 :

  10,5 % ; 134,89 €

2. Écoutez et écrivez.

3. Convertissez comme dans l'exemple :

1 euro = 100 cents

a. 175 cm	=	m
b. 350 g	=	kg
c. 500 ml	=	l
d. 3250 m	=	km
e. 350 cents	=	€

4. Présentez-vous (faites des phrases).

a. Votre âge :

b. Votre date de naissance :

c. Votre taille :

d. Votre poids :

e. Votre QI (quotient intellectuel) :

f. Votre chiffre ou nombre préféré :

g. Le nombre de membres dans votre famille :

h. La distance entre votre maison et votre lieu de travail/ d'études :

PERFECTIONNEMENT
À L'ORAL ET À L'ÉCRIT
프랑스어
스피치와
에세이

2ème partie

Jouer avec la langue

제2부

언어와 함께 놀기

1. Exprimer un souhait ou un regret
2. Le son « x »
3. Rimes
4. Anaphores en poésie
5. Discours anaphorique
6. Pamphlet anaphorique
7. Anaphores dans une chanson
8. Champ lexical
9. Le pronom « en »
10. Les petits plaisirs
11. La langue familière
12. Acrostiches
13. Quelques clichés sur les Français et les Coréens
14. Le caractère français et le caractère coréen

---

1. 희망 혹은 후회를 표현하기
2. <x>의 발음
3. 운율
4. 시에서의 아나포
5. 아나포를 사용한 연설문
6. 아나포를 사용한 팜플렛
7. 샹송에서의 아나포
8. 어휘장
9. 대명사 <en>
10. 소소한 즐거움들
11. 일상어
12. 이합체의 시
13. 프랑스인과 한국인에 대한 클리셰들
14. 프랑스인과 한국인의 성격

OBJECTIFS

Dans cette partie, l'objectif est de mettre en confiance, voire de redonner confiance aux apprenants quant à leurs connaissances et compétences en langue française. Les activités viseront avant tout à leur faire prendre du plaisir à s'exprimer (oralement ou par écrit) en français en jouant avec la langue, ses mots, ses sonorités, etc. Il s'agira donc ici de décomplexer les apprenants en leur montrant, à travers des activités ludiques, que la langue française n'est pas qu'« une langue difficile » et qu'ils ont déjà un certain nombre de connaissances suffisantes pour pouvoir s'exprimer et créer des mots, des phrases et même des textes ou des discours en français.

목 적

2부의 목표는 프랑스어 지식 및 구사능력과 관련해서 학습자들이 스스로에게 신뢰를 가질 수 있도록, 혹은 신뢰를 되찾을 수 있도록 해 주는 데 있다. 2부에 제시된 내용들은 무엇보다도 학습자들이 단어, 억양 등과 같은 언어의 요소들을 가지고 놀면서 프랑스어로 표현(말을 통해서건 글쓰기를 통해서건) 하는 즐거움을 느끼도록 하는 것을 목적으로 한다. 다시 말하자면 유희적인 활동들을 통해 프랑스어가 « 어려운 언어 »가 아님을 보여주고, 동시에 학습자들이 이미 자기 의사를 표현하고 단어와 문장들, 나아가 텍스트나 발표문을 프랑스어로 작성할 수 있을 만큼의 충분한 지식을 소유하고 있음을 보여줌으로써, 학습자들의 프랑스어 공포증을 제거하는 것이 목적이다.

2ème partie Jouer avec la langue

2ème partie

Jouer avec la langue

1. Exprimer un souhait ou un regret
2. Le son « x »
3. Rimes
4. Anaphores en poésie
5. Discours anaphorique
6. Pamphlet anaphorique
7. Anaphores dans une chanson
8. Champ lexical
9. Le pronom « en »
10. Les petits plaisirs
11. La langue familière
12. Acrostiches
13. Quelques clichés sur les Français et les Coréens
14. Le caractère français et le caractère coréen

1. 희망 혹은 후회를 표현하기
2. <x>의 발음
3. 운율
4. 시에서의 아나포
5. 아나포를 사용한 연설문
6. 아나포를 사용한 팜플렛
7. 샹송에서의 아나포
8. 어휘장
9. 대명사 <en>
10. 소소한 즐거움들
11. 일상어
12. 이합체의 시
13. 프랑스인과 한국인에 대한 클리셰들
14. 프랑스인과 한국인의 성격

2ème partie

Jouer avec la langue

언어와 함께 놀기

Dossier 1. Exprimer un souhait ou un regret

Cinquante choses que j'aimerais faire avant de mourir, Georges Perec[1]

Je voudrais monter en bateau mouche.

Me décider à jeter un certain nombre de choses que je garde sans savoir pourquoi je les garde.

Ranger ma bibliothèque une bonne fois pour toutes.

Faire l'acquisition de divers appareils électroménagers. Une machine à laver le linge par exemple. J'ai essayé, c'est très commode.

M'arrêter de fumer avant qu'un médecin : vous savez...

(...)

Aller vivre assez longtemps dans une grande ville étrangère, à Londres, par exemple.

Mais ça, je le ferai sans doute.

(...)

Faire un voyage en sous-marin.

Faire un long voyage sur un navire.

Faire un voyage en ballon, en dirigeable.

(...)

1) Voir présentation de Georges Perec 1ère partie, dossier 1 p. 21

Il y a des choses que je voudrais avoir le temps de bien découvrir : aller dans les Ardennes. Aller à Bayreuth.
Aller à Prague, à Vienne ou au Prado.
Boire du rhum trouvé au fond de la mer, du rhum de 1650.
Avoir le temps de lire Henry James.
Voyager sur des canaux. En chaland, en péniche.
Il y a aussi les choses que j'aimerais apprendre :
Trouver la solution du cube hongrois.
Apprendre à jouer de la clarinette, faire du jazz.
Apprendre une langue étrangère, l'italien serait pour moi le plus simple.
Apprendre le métier d'imprimeur.
Faire de la peinture. C'est d'ailleurs ce que je voulais faire au départ.
(...)
Travailler avec un dessinateur de BD.
Écrire des chansons. Pour Anna Prucnal.
Planter un arbre pour le regarder pousser.
Et puis il y a les choses impossibles que j'aurais aimé faire, comme me saouler avec Malcolm Lowry.
Ou faire la connaissance de Vladimir Nabokov (...).

1. Écoutez puis lisez l'extrait ci-dessus.

2. Faites une liste de huit choses que vous aimeriez faire avant de mourir (huit souhaits : deux choses banales, deux choses à apprendre, deux choses en rapport avec les voyages, deux choses en rapport avec le travail ou les études ; utilisez le conditionnel) et de deux choses que vous auriez aimé faire (deux regrets : deux choses impossibles ou rêvées ; utilisez le conditionnel passé), comme dans les exemples ci-dessous.

*Exemples : **J'aimerais** faire le tour du monde (conditionnel).*
***J'aurais aimé** devenir astronaute (conditionnel passé).*

3. Faites votre portrait chinois. Choisissez au moins cinq propositions qui vous inspirent dans la liste ci-dessous et écrivez des phrases pour vous décrire (vous pouvez aussi choisir d'autres propositions).

Exemple : *Si j'étais un objet, je serais des lunettes de soleil.*
Si j'étais un animal, je serais un dauphin.

Si j'étais un objet, je serais...

Si j'étais une saison, je serais...

Si j'étais un plat, je serais...

Si j'étais un animal, je serais...

Si j'étais une chanson, je serais...

Si j'étais une couleur, je serais...

Si j'étais un personnage de fiction, je serais...

Si j'étais un film, je serais...

Si j'étais un végétal, je serais...

Si j'étais un sport, je serais...

Autre chose :

4.

En utilisant la même structure de phrase (si + imparfait, phrase au conditionnel), répondez aux 5 questions suivantes.

Exemple : Que feriez-vous si on vous offrait un billet d'avion?
Si on m'offrait un billet d'avion, j'irais en Nouvelle-Calédonie.

a. Que feriez-vous si vous gagniez au Loto ?

b. Que feriez-vous si vous rencontriez une célébrité que vous adorez ?

c. Qu'emporteriez-vous si vous deviez aller sur une île déserte et que vous ne pouviez emporter qu'un seul objet ?

d. Si vous deviez faire un don à un organisme humanitaire, à quel organisme donneriez-vous de l'argent ?

e. Si vous pouviez changer une partie de votre corps, qu'aimeriez-vous changer ?

Dossier 2. Le son X

L'excessive (© Naïve, 2002), Carla Bruni*

1er couplet :

Je n'ai pas d'excuse,
C'est inexplicable,
Même inexorable,
Mmmm, Mmmm
C'est pas pour l'extase,
C'est que l'existence,
Sans un peu d'extrême,
Est inacceptable,

Refrain :

J(e) suis excessive,
J'aime quand ça désaxe,
Quand tout accélère,
Moi je reste relaxe
J(e) suis excessive,
Quand tout explose,
Quand la vie s'exhibe,
C'est une transe exquise.

2ème couplet :

Y'en a qu(e) ça excède,
D'autres que ça vexe,
Y'en a qui exigent
Que j(e) revienne dans l'axe,
Y'en a qui s'exclament
Que c'est un complexe,
Y'en a qui s'excitent
Avec tous ces «X» dans l(e) texte.

(Refrain)Variation :

J(e) suis excessive,
J'aime quand ça désaxe,
Quand tout exagère,
Moi je reste relaxe
J(e) suis excessive,
Excessivement gaie, excessivement triste,
C'est là que j'existe.
Mmmm, pas d'excuse ! Pas d'excuse !

1. Écoutez et lisez la chanson ci-dessus. Essayez de ne pas prononcer les « e » entre parenthèses (cf. 1ère partie, dossier 1 p.20).

Vocabulaire

- Les paragraphes (ou parties) d'une chanson sont appelés *couplets* et *refrains*. Les *refrains* sont les parties qui se répètent en général plusieurs fois dans la chanson ; les *couplets* sont les autres parties.

  샹송의 단락(혹은 연)은 *절*과 *후렴*이라고 불린다. 후렴은 노래에서 여러 번 반복되는 부분을 말한다. 절은 한 곡 내의 다른 부분들을 의미한다.

- Chaque ligne est appelée un *vers*.

  각각의 줄은 *행* 이라고 불린다.

- Quand la dernière syllabe de deux *vers* se prononce de la même manière, on dit que *les vers riment entre eux (rimer)*, selon l'un des modèles suivants :

  두 개의 행의 마지막 음절이 같은 발음일 경우, *행 사이의 운율을 맞춘다* 고 하며, 보통 다음에 제시된 모델들 중 하나의 방식을 택한다.

  AABB : rimes plates ; 대운, 평운

  ABBA : rimes embrassées ; 포옹운

  ABAB : rimes croisées ; 교차운

Carla Bruni (née en 1967) est une auteure-compositrice-interprète franco-italienne. Ancienne mannequin, elle a épousé Nicolas Sarkozy (ancien président de la République française) en 2008.

Elle a sorti son premier album *Quelqu'un m'a dit*, d'où est extraite la chanson *L'excessive* en 2002. Depuis, elle a sorti trois autres albums : *No Promises* (2007), *Comme si de rien n'était* (2008) et *Little French Songs* (2013).

카를라 브루니(1967~)는 프랑스-이탈리아계 싱어송라이터이다. 패션모델 출신이기도 한 그녀는 2008년 당시 프랑스 대통령이었던 니콜라 사르코지와 결혼했다. 카를라 브루니는 2002년 히트곡 *L'excessive* 가 수록된 첫 번째 앨범 *Quelqu'un m'a dit* 를 발표했으며, 이후로 세 개의 앨범을 더 발표했다 : *No Promises* (2007), *Comme si de rien n'était* (2008) et *Little French Songs* (2013)

Carla Bruni en 2009
2009년의 카를라 브루니
(© Lawrence Jackson, White House Photographer/ Domaine public).

2. Choisissez un couplet et le refrain et classez les mots comprenant un « x » selon leur nature : nom, verbe, adjectif ou adverbe.

Nom	Verbe	Adjectif	Adverbe

3. Piochez des mots dans la liste ci-dessous pour réécrire un couplet de la chanson en remplaçant les mots de la chanson par des mots de même nature.

Nom	Verbe	Adjectif	Adverbe
un jeu un journal un enjoliveur l'âge le gingembre	jouer gerber geindre arranger agiter	jouissif agile mangeable enjoué agité	joliment largement légèrement généralement rageusement

4. Choisissez une autre consonne de l'alphabet et cherchez des mots comportant cette lettre que vous classerez selon leur nature.

Nom	Verbe	Adjectif	Adverbe

5. Réécrivez un couplet et le refrain de la chanson à partir de cette nouvelle liste. Essayez de faire en sorte que chaque vers (= chaque ligne) comporte le même nombre de syllabes que le vers correspondant dans la chanson originale (4 ou 5 syllabes) et que les vers riment entre eux.

Dossier 3. Rimes

Jardin d'hiver (© Virgin Records, 2000), **Henri Salvador**★

1er couplet :

Je voudrais du soleil vert
Des dentelles et des théières
Des photos de bord de mer
Dans mon jardin d'hiver
Je voudrais de la lumière
Comme en Nouvelle Angle-terre
Je veux changer d'atmos-phère
Dans mon jardin d'hiver

Refrain :

Ta robe à fleur
Sous la pluie de novembre
Mes mains qui courent
Je n'en peux plus de t'at-tendre
Les années passent
Qu'il est loin l'âge tendre
Nul ne peut nous entendre

2ème couplet :

Je voudrais du Fred Astaire
Revoir un Latécoère
Je voudrais toujours te plaire
Dans mon jardin d'hiver
Je veux déjeuner par terre
Comme au long des golfes clairs
T'embrasser les yeux ouverts
Dans mon jardin d'hiver

(Refrain)

1. Écoutez et lisez la chanson ci-dessus.

★

Henri Salvador (1917 – 2008) est un chanteur et humoriste français né en Guyane en 1917. Parmi ses succès populaires, on retiendra *Le travail c'est la santé, La maladie d'amour, Zorro est arrivé* ou encore (et beaucoup plus récemment) *Jardin d'hiver*.

프랑스령 기아나 출생인 앙리 살바도르(1917-2008)는 가수이자 해학넘치는 쇼호스트였다. 대중적으로 많은 사랑을 받은 히트곡들 중에서도 특히 *Le travail c'est la santé, La maladie d'amour, Zorro est arrivé* 와 (보다 최근 곡으로는) *Jardin d'hiver* 등을 대표적으로 들 수 있다.

Henri Salvador en 2006
(© Thibaut / Creative Commons Attribution-Share Alike 2.0 Generic)

2. Complétez les listes ci-dessous avec des mots qui se terminent par le son [ɛr].

Sur la table :	Des éléments :	Des aliments :	Autre liste :
une soupière une salière une théière	la mer la terre le fer	un dessert du munster une pomme de terre	

3. À partir d'une de ces listes, essayez d'écrire un nouveau couplet pour la chanson. Essayez de garder le même nombre de syllabes par vers que dans la chanson originale (7 syllabes pour les trois premiers vers et 6 syllabes pour le dernier vers), comme dans l'exemple ci-dessous.

Il dormait sur une fougère	(7 syllabes)
Ce petit coléoptère	(7 syllabes)
Il mangeait une pomme de terre	(7 syllabes)
Ce joli ver de terre	(6 syllabes)

4. Choisissez une autre saison de l'année : le printemps, l'été ou l'automne. Cherchez des mots qui riment avec la saison que vous avez choisie, comme dans les exemples ci-dessous.

Printemps : géant, amant, aimant, chant, etc.
Été : juillet, bébé, fée, marché, etc.
Automne : bonne, faune, jaune, etc.

5. Essayez de classer ces mots selon leur thème (deux ou trois thèmes).

Thème 1 : des aliments	Thème 2 :	Thème 3 :
du café *du thé* *un poulet* …		

6. À partir d'une de ces listes, essayez d'écrire deux couplets pour une nouvelle chanson : ***jardin de printemps, jardin d'été*** ou ***jardin d'automne***, selon la saison que vous avez choisie. Essayez de garder le même nombre de syllabes par vers que dans la chanson originale (7 syllabes pour les trois premiers vers et 6 syllabes pour le dernier vers).

Dossier 4. Anaphores en poésie

Écrire, Plume

Écrire, c'est une joie
Écrire, c'est un temps pour moi,
Écrire, c'est l'oubli de ses soucis et de ses peines,
C'est chasser ses démons et ses fantasmes,
Écrire, c'est une libération,
Écrire, c'est laisser aller son imagination,
C'est ouvrir les portes au rêve,
Écrire, c'est respirer l'air du large,
C'est larguer les amarres pour partir en voyage.
Écrire, c'est dessiner sa pensée, la cerner, la maîtriser,
Écrire, c'est un rythme,
C'est écouter sa musique intérieure.
Écrire, c'est partager,
C'est livrer un peu de sa vie aux autres.
Écrire, c'est une éternelle surprise.

1. Écoutez et lisez l'extrait ci-dessus. De quoi s'agit-il ?

Vocabulaire

- Une anaphore est un procédé stylistique qui consiste à répéter un mot ou une expression généralement au début de chaque phrase ou de chaque vers (dans le cas d'un poème). Par exemple, dans l'extrait ci-dessus, la répétition du verbe « écrire » au début de chaque phrase constitue une anaphore.

  아나포는 각 문장이나 행(시의 경우)의 첫 머리에 나오는 단어나 표현을 반복하는 수사학적 방식이다. 예를 들어 위에 제시된 시에서 각 문장의 처음에 나오는 동사 « écrire »의 반복이 아나포 라고 할 수 있다.

2. Qu'évoquent pour vous les verbes suivants ? Écrivez trois ou quatre phrases à la manière du poème *Écrire.*

Apprendre, c'est...

Lire, c'est...

Voler, c'est...

3. Choisissez un autre verbe qui vous servira d'anaphore pour écrire un nouveau poème. La longueur de chaque vers est libre et il n'est pas obligatoire de faire des rimes. Écrivez au moins 6 vers puis lisez votre poème oralement.

4. Écrivez maintenant un poème anaphorique pour présenter un lieu, un objet ou une personne. Essayez d'utiliser des *pronoms relatifs* (qui, que, quoi, dont, où, lequel, etc.), comme dans les exemples ci-dessous. Écrivez au moins 6 vers puis lisez votre poème oralement.

Londres *qui* se trouve en Angleterre
Londres *où* se trouve Big Ben
Londres *que* j'ai visitée l'année dernière
...
Sac *que* j'ai acheté un jour de pluie
Sac *qui* est toujours sur mon dos
Sac *dans lequel* je mets toutes mes affaires
...
Ami *que* je connais depuis que je suis tout petit
Ami *que* je n'ai pas vu depuis longtemps
Ami *qui* me manque beaucoup
...

Dossier 5. Discours anaphorique

Moi président de la République, François Hollande*

Moi président de la République, je ne serai pas le chef de la majorité, je ne recevrai pas les parlementaires de la majorité à l'Élysée.

Moi président de la République, je ne traiterai pas mon Premier ministre de collaborateur.

Moi président de la République, je ne participerai pas à des collectes de fonds pour mon propre parti, dans un hôtel parisien.

Moi président de la République, je ferai fonctionner la justice de manière indépendante (...).

Moi président de la République, je n'aurai pas la prétention de nommer les directeurs des chaînes de télévision publique, je laisserai ça à des instances indépendantes.

Moi président de la République, je ferai en sorte que mon comportement soit en chaque instant exemplaire. (...)

Moi président de la République, je constituerai un gouvernement qui sera paritaire, avec autant de femmes que d'hommes. (...)

Moi président de la République, les ministres ne pourront pas cumuler leur fonction avec un mandat local, parce que je considère qu'ils devraient se consacrer pleinement à leur tâche. (...)

Moi président de la République, j'engagerai de grands débats, on a évoqué celui de l'énergie, et il est légitime qu'il puisse y avoir sur ces questions-là de grands débats citoyens. (...)

Moi président de la République, j'essaierai d'avoir de la hauteur de vue, pour fixer les grandes orientations, les grandes impulsions, mais en même temps je ne m'occuperai pas de tout, et j'aurai toujours le souci de la proximité avec les Français.

1. Écoutez et lisez l'extrait ci-dessus.

2. Oralisez l'extrait ci-dessus (mettez-vous dans la peau du candidat à l'élection présidentielle).

François Hollande (né en 1954) est un homme politique français. Il a été élu président de la République en 2012 pour une durée de cinq ans. Ce texte est extrait du discours qu'il a tenu lors du débat télévisé face au président sortant Nicolas Sarkozy entre les deux tours de l'élection présidentielle de 2012.

프랑수아 올랑드(1954 ~)는 프랑스의 정치인으로, 2012년 5년 임기의 프랑스 대통령에 선출되었다. 이 텍스트는 2012년 대통령 선거 결선 투표를 앞두고 당시 대통령이었던 니콜라 사르코지와의 TV 토론에서 한 올랑드의 발언 내용 중 일부이다.

François Hollande en 2014
2014년의 프랑수아 올랑드

Remarques 주의할 점

Les anaphores, en tant que procédé stylistique, peuvent être utiles dans un discours comme celui-ci pour insister. Elles permettent ainsi de donner de la force au discours. Dans l'exemple ci-dessus, le candidat à l'élection présidentielle (de 2012) François Hollande explique ce qu'il fera en tant que président et insiste par là même sur ce que son prédécesseur et adversaire (Nicolas Sarkozy) n'a pas été capable de faire ou, au contraire, ce qu'il a fait de mal.

문체론적 방식으로서의 아나포는 위와 같은 담화문에서 강조를 하는 데 유용하게 사용될 수 있다. 즉 담화문에 힘을 불어넣을 수 있는 것이다. 위에 제시된 예에서 대통령 후보였던(2012년 당시) 프랑수아 올랑드는 아나포를 통해 자신이 대통령이 된다면 어떤 일을 할 것인지를 밝힘과 동시에 전임자이자 상대인 니콜라 사르코지 당시 대통령이 할 수 없는 일, 나아가 잘못했던 일을 효과적으로 강조하고 있다.

3. Sur le même modèle, écrivez un petit discours expliquant ce que vous ferez si vous êtes élu comme président de la République. Utilisez le futur et écrivez au moins 10 phrases (pour revoir le futur cf. 3ème partie dossier 2 p.59). Présentez ensuite votre programme oralement.

4. Toujours sur le même modèle, écrivez ce que vous ferez si vous accédez à un poste ou une fonction important(e), par exemple, si vous devenez président des étudiants de votre université ou de votre département, législateur ou encore PDG de votre entreprise, etc. Utilisez le futur et écrivez au moins 10 phrases. Présentez ensuite votre projet oralement.

5. Décrivez votre vie professionnelle ou scolaire en commençant par présenter votre situation professionnelle ou scolaire comme dans les exemples ci-dessous. Utilisez le présent et écrivez au moins 5 phrases.

   Moi étudiant en français...

   Moi employé de banque...

Dossier 6. Pamphlet anaphorique

J'accuse, Émile Zola*

J'accuse le lieutenant-colonel du Paty de Clam d'avoir été l'ouvrier diabolique de l'erreur judiciaire (...).

J'accuse le général Mercier de s'être rendu complice, tout au moins par faiblesse d'esprit, d'une des plus grandes iniquités du siècle.

J'accuse le général Billot d'avoir eu entre les mains les preuves certaines de l'innocence de Dreyfus et de les avoir étouffées (...).

J'accuse le général de Boisdeffre et le général Gonse de s'être rendus complices du même crime (...).

J'accuse le général de Pellieux et le commandant Ravary d'avoir fait une erreur scélérate (...).

J'accuse les trois experts en écritures, les sieurs Belhomme, Varinard et Couard, d'avoir fait des rapports mensongers et frauduleux (...).

J'accuse les bureaux de la guerre d'avoir mené dans la presse, particulièrement dans *L'Éclair* et dans *L'Écho de Paris*, une campagne abominable, pour égarer l'opinion et couvrir leur faute.

J'accuse enfin le premier conseil de guerre d'avoir violé le droit, en condamnant un accusé sur une pièce restée secrète, et j'accuse le second conseil de guerre d'avoir couvert cette illégalité (...).

Je n'ai qu'une passion, celle de la lumière, au nom de l'humanité qui a tant souffert et qui a droit au bonheur.

Ma protestation enflammée n'est que le cri de mon âme. Qu'on ose donc me traduire en cour d'assises et que l'enquête ait lieu au grand jour !
J'attends.
Veuillez agréer, monsieur le Président, l'assurance de mon profond respect.

1. Écoutez puis lisez l'extrait ci-dessus.

a. D'une manière générale, de quoi accuse-t-il les différentes personnes mentionnées dans cet extrait?

b. À votre avis, qui est le Président à qui s'adresse Zola ?

Émile Zola (1840 – 1902) est un écrivain et journaliste français. Parmi ses œuvres, on retiendra notamment la fresque intitulée les *Rougon-Macquart* (dont *l'Assommoir* et *Germinal*). Il s'est aussi fait connaître pour son engagement dans l'affaire Dreyfus (affaire d'espionnage sur fond d'antisémitisme dans laquelle le capitaine Dreyfus a été accusé à tort d'avoir livré des documents secrets à l'Empire allemand).

Le texte ci-dessus est extrait de son article intitulé *J'accuse*, publié dans le journal *l'Aurore* en janvier 1898 et adressé à Félix Faure alors président de la République française. Dans ce texte, il résume l'ensemble de l'affaire Dreyfus et dénonce les défaillances du procès et les injustices dont a été victime le capitaine Dreyfus au cours de celui-ci.

에밀 졸라(1840-1902)는 프랑스 작가이자 저널리스트였다. 한 시대의 프레스코화 라고 할 수 있는 *루공-마카르* 총서(<목로주점>과 <제르미날>이 포함되어있는)의 작가였던 졸라는 드레퓌스 사건 (반유대주의에 근거한 스파이 사건으로, 당시 대위였던 드레퓌스가 독일에 비밀자료를 넘겼다는 혐의로 억울하게 기소된사건)에의 참여를 통해서도 자신의 이름을 널리 알린 바 있다.

위의 텍스트는 에밀 졸라가 1898년 1월 <오로르>지에 당시 공화국 대통령이었던 펠릭스 포르를 수신자로 하여 쓴 « 나는고발한다 »는 제목의 기사 중 일부이다. 이 텍스트에서 졸라는 드레퓌스 사건 전체를 일괄하면서 소송과정의 오류와 드레퓌스 대위를 희생양으로 삼은 부정의를 신랄하게 비판하였다.

Émile Zola en 1902
1902년의 에밀 졸라
(© Autoportrait / Domaine public)

2. Oralisez l'extrait *J'accuse* d'Émile Zola (mettez-vous dans la peau de l'accusateur).

3. Il y a beaucoup de problèmes dans votre famille. Écrivez un pamphlet à la manière de Zola afin de faire connaître au grand jour ces injustices à partir des informations ci-dessous. Utilisez la structure « accuser quelqu'un de (ne pas) avoir fait quelque chose ».

Votre père : il ne vous a pas acheté la voiture dont vous rêviez.
Votre mère : elle ne vous a pas autorisé(e) à sortir avec vos ami(e)s.
Votre frère : il a utilisé votre vélo sans votre autorisation.
Votre petite sœur : elle a emprunté votre pull préféré sans vous le demander, elle y a fait une tache et elle l'a lavé à haute température ce qui l'a fait rétrécir.
Votre cousin : il vous a piqué de l'argent.
Votre oncle : il ne vous a pas emmené en voyage comme il vous l'avait promis.
Votre tante : elle a oublié de vous souhaiter un bon anniversaire.
Votre grand-mère : elle ne vous a pas donné d'argent de poche.

4. Exprimez 4 regrets en utilisant la structure « regretter de (ne pas) avoir fait quelque chose » comme dans l'exemple ci-dessous.

Je regrette de ne pas avoir été plus gentil avec mon ami(e).

Dossier 7. Anaphores dans une chanson

Alors on danse (© Mercury France, 2010), **Stromae**★

Alors on danse (x 3)

Qui dit études dit travail, qui dit taf te dit les thunes
Qui dit argent dit dépenses, et qui dit crédit dit créance
Qui dit dette te dit huissier, et lui dit assis dans la merde.
Qui dit amour dit les gosses, dit toujours et dit divorce.
Qui dit proches te dit deuils car les problèmes ne viennent pas seuls.
Qui dit crise te dit monde, dit famine dit tiers-monde.
Qui dit fatigue dit réveil encore sourd de la veille
Alors on sort pour oublier tous les problèmes.

Alors on danse (x 9)

Et là tu te dis que c'est fini car pire que ça ce serait la mort.
Quand tu crois enfin que tu t'en sors
Quand y'en a plus, et ben y'en a encore
Est-ce la zik ou les problèmes, les problèmes ou bien la musique.
Ça te prend les tripes, ça te prend la tête
Et puis tu pries pour que ça s'arrête.
Mais c'est ton corps, c'est pas le ciel
Alors tu te bouches plus les oreilles.
Et là tu cries encore plus fort mais ça persiste… Alors on chante

Lalalalalala, Lalalalalala, alors on chante (x 3)
Et puis seulement quand c'est fini.
Alors on danse (x 8)
Et ben y'en a encore (x 5)

Stromae (né en 1985) est un auteur-compositeur-interprète belge. *Alors on danse,* single sorti en 2009 puis sur son premier album, *Cheese* (2010), le fait connaître du grand public. Son deuxième album, *Racine carrée*, sorti en 2013 renforce sa notoriété aussi bien auprès du grand public que des critiques spécialisées. Parmi ses grands succès, on trouve : *Alors on danse*, *Papaoutai*, *Tous les mêmes* ou encore *Formidable*.

스트로매(1985~)는 벨기에의 싱어송라이터이다. 2009년에 발매된 싱글 *Alors on danse* 와 첫 번째 정규 앨범에 실린 *Cheese*(2010)로 그는 일약 세계적인 스타가 되었다. 2013년 발매된 두 번째 앨범 *Racine carrée* 은 그에게 대중적 인기뿐만 아니라, 음악전문 비평가들로부터의 인정도 가져다주었다. 히트곡으로는 *Alors on danse, Papaoutai, Tous les mêmes* 와 *Formidable* 등이 있다.

Stromae en 2011
2011년의 스트로매
(© Georges Biard/ Licence Creative Commons Attribution-Share Alike 3.0 Unported)

1. Écoutez et lisez la chanson ci-dessus. Quel est son thème? Pourquoi « on danse » ?

2. Relisez le premier couplet. Quel est le procédé stylistique utilisé ?

Remarques 주의할 점

- L'expression « qui dit… dit… » signifie ici qu'un mot nous fait penser à un autre mot ou qu'une chose en entraîne forcément une autre. Par exemple, un objet nous fait penser à un autre objet ou bien une situation en entraîne une autre comme une conséquence inévitable, comme dans la phrase suivante : « qui dit dette dit huissier » signifie que si l'on a des dettes, on aura inévitablement à faire à un huissier. De même, « qui dit études dit travail » signifie que si l'on étudie maintenant, c'est pour trouver un travail plus tard et « qui dit taf* te dit les thunes* » signifie que si l'on a un taf* (= un travail) on va gagner des thunes* (= de l'argent) ou c'est pour gagner des thunes.

« qui dit A dit B »(A라는 것은 곧 B를 의미한다)라는 표현은 하나의 단어가 또 다른 단어를 생각나게 하거나, 하나의 일이 필연적으로 다른 일과 연결되는 것을 의미한다. 다시 말해 하나의 사물이 다른 사물을 생각나게 하고, 하나의 상황이 그 필연적 결과로써 다른 상황을 떠오르게 하는 구문인 것이다. 예를 들어 « qui dit dette dit huissier »(빚이라는 것은 곧 집달리를 의미한다)라는 표현은 사람이 빚을 지게 되면 필연적으로 집달리와 만나게 되는 날이 이를 것이라는 의미를 가진다. « qui dit études dit travail »(공부는 곧 직업이다)라는 표현은 지금 열심히 공부를 해 두면 나중에 일자리를 구하게 될 것이라는 뜻이다. « qui dit taf* te dit les thunes* »(일은 곧 돈이다)라는 표현은 일자리를 가지고 있으면 머지않아 돈을 벌게 될 것임을 혹은 일자리를 갖는 것은 돈을 벌기 위한 것임을 의미한다.

** Ce sont des mots familiers. 일상어 단어들이다.*

3. Complétez les phrases suivantes selon ce que les mots proposés dans la première partie vous évoquent.

Qui dit études dit…

Qui dit lycée dit…

Qui dit travail dit…

Qui dit argent dit…

Qui dit weekend dit…

Qui dit lundi dit…

Qui dit printemps dit…

Qui dit été dit…

Qui dit automne dit…

Qui dit hiver dit…

4. Écrivez un nouveau couplet pour la chanson de Stromae en reprenant à chaque fois dans le nouveau vers le deuxième terme du vers précédent, comme dans l'exemple ci-dessous. Écrivez 8 vers.

Qui dit été dit vacances

Qui dit vacances dit voyage

Qui dit voyage dit avion

Qui dit avion dit…

Dossier 8. Champ lexical

Le temps ne fait rien à l'affaire (© Universal Music Publishing, 1962), **Georges Brassens★**

1er couplet :

Quand ils sont tout neufs
Qu'ils sortent de l'œuf
Du cocon
Tous les jeunes blancs-becs
Prennent les vieux mecs
Pour des cons
Quand ils sont d(e)venus
Des têtes chenues
Des grisons
Tous les vieux fourneaux
Prennent les jeunots
Pour des cons
Moi, qui balance entre deux âges
J(e) leur adresse à tous un message

Refrain :

Le temps ne fait rien à l'affaire
Quand on est con, on est con
Qu'on ait vingt ans, qu'on soit grand-père
Quand on est con, on est con
Entre vous, plus de controverses
Cons caducs ou cons débutants
Petits cons d(e) la dernière averse

Vieux cons des neiges d'antan
Petits cons d(e) la dernière averse
Vieux cons des neiges d'antan

2ème couplet :

Vous, les cons naissants
Les cons innocents
Les jeunes cons
Qui n(e) le niez pas
Prenez les papas
Pour des cons
Vous, les cons âgés
Les cons usagés
Les vieux cons
Qui, confessez-le
Prenez les p(e)tits bleus
Pour des cons
Méditez l'impartial message
D'un qui balance entre deux âges

(Refrain)

Georges Brassens (1921 – 1981) est un interprète, auteur et compositeur français de chansons populaires.
Parmi ses succès, on retiendra :

조르주 브라상(1921-1981)은 많은 대중들로부터 사랑을 받았던 샹송 가수이자 작사, 작곡가였다. 히트곡 중에는 다음과 같은 곡들이 있다.

Les Copains d'abord, Chanson pour l'Auvergnat, Les Amoureux des bancs publics, Je me suis fait tout petit, etc.

Georges Brassens en 1966
1966년의 조르주 브라상
(© Bibliothèque Nationale de France / Domaine public)

1. Écoutez et lisez la chanson ci-contre.

a. Quel est le thème principal de cette chanson ?

b. Relisez le refrain de la chanson. Essayez de résumer en une phrase l'idée principale du refrain.

2. Relevez les mots et les expressions qui font référence à la jeunesse / à la nouveauté d'une part, à la vieillesse / à l'ancienneté d'autre part.

Jeunesse / Nouveauté	Vieillesse / Ancienneté

3. Voici des expressions qui se réfèrent au « bonheur », à la « joie », au « bien-être » ou, à l'inverse, au « malheur », à la « tristesse », au « mal-être ». Classez-les dans le tableau ci-dessous.

Avoir le moral dans les chaussettes ; voir la vie en rose ; broyer du noir ; être bien luné ; être mal luné ; prendre les choses du bon côté ; prendre les choses du mauvais côté ; être déprimé ; être au fond du trou ; être au septième ciel ; marcher sur l'eau ; prendre son pied ; croquer la vie à pleine dent ; être bien dans sa peau ; être mal dans sa peau ; être bien dans ses baskets ; voir tout en noir ; faire grise mine.

Bonheur / Joie / Bien-être	Malheur / Tristesse / Mal-être

4. À partir de ces expressions, écrivez quelques vers pour une nouvelle chanson intitulée *C'est la vie, c'est comme ça* sur le modèle des deux vers suivants de la chanson de Brassens (faites attention à utiliser le subjonctif).

Qu'on ait vingt ans, qu'on soit grand père, quand on est con, on est con.

Exemple : *Qu'on soit heureux ou qu'on soit malheureux, c'est la vie, c'est comme ça.*

5. On utilise souvent ce genre d'expressions, surtout quand on est en conflit avec quelqu'un et qu'on ne veut pas céder. Écrivez plusieurs phrases sur le modèle des phrases ci-dessous (faites attention à utiliser le subjonctif).

Que tu sois content ou non, je m'en fous [1] *!*
Que tu le veuilles ou pas, c'est comme ça !
Que ça te fasse plaisir ou non, c'est pareil !

---

1) Se foutre de quelque chose / quelqu'un (expression familière) : « 아랑곳하지 않다, 신경쓰지 않다 » 는 뜻을 가진 일상어 표현.

Dossier 9. Le pronom « en »

Je veux (© Play On, 2010), Zaz*

1er couplet

Donnez-moi une suite au Ritz, je n'en veux pas,
Des bijoux de chez Chanel, je n'en veux pas.
Donnez-moi une limousine, j'en ferai quoi?
Offrez-moi du personnel, j'en ferai quoi?
Un manoir à Neuchâtel, c(e) n'est pas pour moi,
Offrez-moi la tour Eiffel, j'en ferai quoi?

Refrain

Je veux d(e) l'amour, d(e) la joie, de la bonne humeur,
C(e) n'est pas votre argent qui f(e)ra mon bonheur
Moi, j(e) veux crever la main sur le cœur.
Allons ensemble découvrir ma liberté,
Oubliez donc tous vos clichés,
Bienvenue dans ma réalité.

2ème couplet

J'en ai marre d(e) vos bonnes manières, c'est trop pour moi.
Moi, je mange avec les mains et j(e) suis comme ça
J(e) parle fort et je suis franche, excusez-moi.
Fini l'hypocrisie, moi, j(e) me casse de là !
J'en ai marre des langues de bois, regardez-moi,
D(e) toute manière, j(e) vous en veux pas et j(e) suis comme ça !

Refrain

(Refrain)

Zaz, de son vrai nom Isabelle Geoffroy (née en 1980), est une auteure-compositrice-interprète française. La chanson *Je veux* est extraite de son premier album, intitulé simplement *Zaz* et sorti en 2010. Son quatrième album, *Sur la route*, est sorti en 2015.

자즈(본명 Isabelle Geoffroy, 1980 ~)는 프랑스의 싱어송라이터이다. 대표곡인 *Je veux* 는 2010년에 *Zaz* 라는 간단한 제목으로 발매된 첫 번째 앨범에 수록된 곡이다. 2015년에는 그녀의 네 번째 앨범인 *Sur la route* 가 발매되었다.

Zaz en 2011

1. Écoutez et lisez la chanson ci-dessus (vous pouvez faire une recherche sur Youtube en tappant : « Zaz – Je veux »).

2. Relevez les phrases dans lesquelles il y a le pronom « en ».

a. Pourquoi utilise-t-on le pronom « en » dans ces phrases ? Que remplace-t-il ?

b. Dans cette chanson, deux expressions fonctionnant avec le pronom « en » sont devenus des expressions figées, c'est-à-dire qu'elles s'utilisent toujours avec le pronom « en ». Selon vous, lesquelles ?

3. Connaissez-vous d'autres verbes ou expressions (figé(e)s ou non) qui s'utilisent avec le pronom « en » ? Faites-en la liste.

4. Réécrivez les phrases suivantes en utilisant le pronom « en »

a. Qu'est-ce que tu penses de cette histoire ?

b. Je ne sais pas quoi faire de ce vieil ordinateur.

c. J'aimerais changer la décoration de cette pièce : je ferais une bibliothèque de cette pièce.

d. Je n'aimerais pas gagner vraiment beaucoup d'argent : je ne saurais pas quoi faire de beaucoup d'argent.

e. Si je gagnais 1 000 000 d'euros, je saurais quoi faire de ce 1 000 000 d'euros : je m'achèterais une maison !!

f. Tu dois te méfier de cette personne : c'est un hypocrite !

5. Replacez les expressions suivantes (et conjuguez les verbes si nécessaire) dans les phrases ci-dessous.

N'en faire qu'à sa tête / En avoir marre / S'en passer
남의 충고를 듣지 않다 / 지긋지긋하다 / ~없이 지내다

En vouloir à quelqu'un / S'en méfier
~을 원망하다 / 경계하다

a. Décidément, cet enfant a toujours sa peluche avec lui. Il ne peut pas ________________.

b. Mon téléphone portable s'éteint sans raison. ________________. Je dois le changer.

c. Ce n'est pas une personne en qui on peut avoir confiance. Tu ferais mieux de ________________.

d. On ne peut rien lui dire. Elle prend toujours des décisions sans écouter les autres. Elle ________________.

e. Je lui avais confié un secret mais il l'a répété à tout le monde. Vraiment, je ________________ beaucoup.

6. Imaginez un (des) petit(s) dialogue(s) utilisant les expressions suivantes :

En avoir marre de quelqu'un ou quelque chose ; n'en faire qu'à sa tête ; (ne pas) en vouloir à quelqu'un.

Dossier 10. Les petits plaisirs

Raphaël et Amandine Poulain, extrait du *Fabuleux destin d'Amélie Poulain* de Jean-Pierre Jeunet★ (2001)

Le père d'Amélie, ancien médecin militaire, travaille aux établissements thermaux[1] d'Enghien les Bains[2]. Raphaël Poulain n'aime pas pisser à côté de quelqu'un. Il n'aime pas surprendre sur ses sandales un regard de dédain ; sortir de l'eau et sentir coller son maillot de bain. Raphaël Poulain aime arracher de grands morceaux de papier peint ; aligner toutes ses chaussures et les cirer avec soin ; vider sa boîte à outils, bien la nettoyer et tout ranger, enfin.

La mère d'Amélie, Amandine Fouet, institutrice originaire de Gueugnon[3], a toujours été d'une nature instable et nerveuse. Amandine Poulain n'aime pas avoir les doigts plissés par l'eau chaude du bain ; être, par quelqu'un qu'elle n'aime pas, effleurée de la main ; avoir les plis des draps imprimés sur la joue le matin. Amandine Poulain aime les costumes des patineurs artistiques sur TF1 ; faire briller le parquet avec des patins ; vider son sac à main, bien le nettoyer et tout ranger, enfin.

---

1) Thermaux : Adjectif « thermal » au pluriel. 형용사 « thermal »(온천의)의 복수형
2) Enghien les Bains : Ville thermale au nord de Paris. 파리 북쪽에 있는 온천 도시
3) Gueugnon : Ville au nord-ouest de Lyon. 리옹 북서쪽에 있는 도시

Les petits plaisirs, extrait du *Fabuleux destin d'Amélie Poulain* de Jean-Pierre Jeunet★ (2001)

Elle, c'est Suzanne, la patronne. Elle boite un peu, mais elle n'a jamais renversé un verre. Quand elle était jeune, elle était danseuse équestre à Medrano[4]. Elle aime les sportifs qui pleurent de déception. Elle n'aime pas voir dans son café un homme se faire humilier devant son enfant.

Au tabac, c'est Georgette, la malade imaginaire. Quand elle n'a pas de migraine, c'est le nerf sciatique qui coince. Elle n'aime pas entendre « le fruit de vos entrailles est béni »[5].

Voilà Gina, la collègue d'Amélie. Sa grand-mère était guérisseuse. Ce qu'elle aime, c'est faire craquer les os.

On la voit qui sert un kir[6] framboise à Hyppolito, l'écrivain raté. Lui, ce qu'il aime par dessus tout, c'est voir à la télé un toréador se faire encorner.

Le type qui les observe, l'air mauvais, c'est Joseph. Un amant jaloux éconduit par Gina. Il passe ses journées à l'espionner pour voir s'il a un remplaçant. La seule chose que celui-là aime, c'est crever les pustules des emballages en plastique.

Et enfin, voilà Philomène, l'hôtesse de l'air. C'est Amélie qui garde son chat Rodrigue quand elle part en voyage. Philomène aime le bruit du bol d'eau sur le carrelage.

---

4) Medrano : Nom d'une compagnie de cirque célèbre en France. 프랑스의 유명한 서커스단 이름

5) « Le fruit de vos entrailles est béni » : Paroles extraites d'une prière catholique. 가톨릭 기도문 중 한 부분

6) Kir : Cocktail à base de vin blanc. 백포도주를 베이스로 한 칵테일

Rodrigue, quant à lui, aime être présent, quand on raconte des histoires aux enfants.

Parfois, le vendredi soir, Amélie va au cinéma.
« J'aime bien me retourner dans le noir et contempler le visage des autres spectateurs. Et puis j'aime bien repérer le petit détail que personne ne verra jamais. Par contre je n'aime pas dans les vieux films américains quand les conducteurs (ne) regardent pas la route. »
Amélie n'a pas d'homme dans sa vie. Elle a bien essayé une fois ou deux, mais le résultat n'a pas été à la hauteur de ses espérances.
En revanche, elle cultive un goût particulier pour les tout petits plaisirs : plonger la main au plus profond d'un sac de grains ; briser la croûte des crèmes brulées avec la pointe de la petite cuillère ; et faire des ricochets sur le canal Saint Martin.

1. Regardez la vidéo, écoutez et lisez la transcription ci-dessus. De quoi est-il question dans ces extraits ?

Jean-Pierre Jeunet est un réalisateur français né en 1953. Il a réalisé huit longs métrages dont *Delicatessen* en 1990 avec Marc Caro, *La cité des enfants perdus* en 1995 (toujours avec Marc Caro) et *Le fabuleux destin d'Amélie Poulain* sorti en 2001. Au succès commercial du *fabuleux destin d'Amélie Poulain* répond le statut de film culte de *Delicatessen* et, dans une moindre mesure, de *La cité des enfants perdus*.

장 피에르 주네 는 1953년에 출생한 프랑스 영화감독이다. 주네는 8편의 장편영화를 연출했는데, 그 중에는 1990년 마크 카로와 함께 한 <델리카트슨>과 1995년 작 <잃어버린 아이들의 도시 >(역시 마크 카로와 함께 한), 2001년 <아멜리에> 등이 있다. <아멜리에>의 상업적 성공은 <델리카트슨>이나 <잃어버린 아이들의 도시>(더 좁은 의미에서 그 장르에 합당한 영화였던) 등과 같은 컬트 영화의 위상을 한층 드높여주었다.

Jean-Pierre Jeunet au festival de Deauville en 2009
2009년 도빌 영화제에서의 장 피에르 주네

2. À votre tour, écrivez des phrases sur ce que vous aimez, ce que vous n'aimez pas et vos petits plaisirs dans la vie. Essayez d'être original, de montrer votre personnalité. Efforcez-vous d'utiliser les expressions ci-dessous.

+	J'aime bien...나는 ...을 정말 좋아한다. J'ai une passion pour...나는 ...에 대해 열정을 가지고 있다. ... j'adore !...을 나는 무척 좋아한다. Mon plaisir dans la vie, c'est...내 삶의 낙은 ...이다.
-	Je n'aime pas trop...나는 ...을 그다지 좋아하지 않는다. Je ne supporte pas...나는 ...을 견딜 수 없다. ... ça m'exaspère !...은 나를 짜증나게 한다. ... ça m'agace !...은 나를 성가시게 한다.

3. Réfléchissez à ce que vous aimez et n'aimez pas chez quelqu'un. Cela peut être une caractéristique physique ou morale. Efforcez-vous d'utilisez les expressions ci-dessus, comme dans les exemples. Faites au moins 6 phrases.

J'aime bien les gens qui sont à l'écoute.
Les personnes qui croient avoir toujours raison, ça m'exaspère.

4. Quels comportements vous exaspèrent ? Écrivez au moins 4 phrases.

5. Activité complémentaire. À la manière des extraits du film *Le fabuleux destin d'Amélie Poulain*, réalisez une petite vidéo (moins de deux minutes) présentant ce que vous aimez, ce que vous n'aimez pas et vos petits plaisirs dans la vie. Accompagnez vos vidéos d'une voix off.

Dossier 11. La langue familière

Un gars, une fille★ *au supermarché*

Séquence 1 :

– Tiens Loulou.

– Tu as vu ? J'ai acheté tous les fruits.

– Oh c'est bien… Mais Loulou !

– Quoi ?

– Regarde l'état des bananes.

– Quoi ?

– Mais elles sont toutes vertes, bébé.

– Ben oui mais…

– Non mais c'est pas mangeable, ça. Il faut les changer Loulou, hein.

– Ah bon ?

– Qu'est-ce que t'as pris ?

– Ouais, t'as vu ? Elles sont belles, hein ? Elles sont belles !

– Mais, bébé, je t'ai dit des « Granny ». C'est tout farineux, ça.

– Ben…

– Ben oui mais faut les changer, ça.

– Je sais pas moi…

– Loulou, je t'ai demandé des poivrons rouges ?

– Ouais.

– Qu'est-ce que c'est que ça ? Qu'est-ce que c'est que ça ?

– C'est un poivron vert…

– Ben voilà. Alors, à changer aussi. Et l'ananas ? T'as tiré sur la queue ?

– Pour quoi faire ?

– T'as pas tiré sur la queue pour savoir s'il était mûr ?

– Ben non, je sais pas, je connais pas…

– Ben oui mais Loulou, c'est comme ça qu'on sait si c'est mûr ou pas.

– Ben euh…

– Ben oui mais fais attention bébé.

– Bon, le pamplemousse, fais voir… Voilà. Il rebondit pas.

– Et alors ?

– Et alors il est pas mûr.

– Bon d'accord, hein. Allez. Va chercher le fromage. Va chercher le fromage… Pfff, là, là. Faut tout changer, là, il me décourage. Pffff.

…

– Bon, alors, le fromage, là ? Ça va le fromage, là ? C'est bien ? Il est bien ou pas ?

– Ben il a l'air bien.

– Ben on va voir.

– Mais qu'est-ce que tu fais Loulou ?

– Ben il rebondit pas. Il rebondit pas. Il en faut un autre. Ça marche pas, ça.

Séquence 5 :

– Tiens. Viens voir. Faut que je te montre. Voilà : laquelle tu préfères ?

– Et bien… Euh… Honnêtement ?

– Ouais.

– Celle-là.

– Celle-là ?

– Ouais.

– Ouais ?

– Ben… Euh… Elle est un petit peu plus chère mais elle a plus d'allure quand même.

– C'est clair.

– Celle-là franchement, elle ressemble à rien.

– Hmmm. Ouais, tout à fait.

– Mauvaise qualité. Ça se voit tout de suite.

– Celle-là alors ?

– Ouais.

– Ok.

– Ça t'embête pas Loulou ?

– Pas du tout, attends. C'est ta cuisine. C'est toi qui fais le café. Moi, ça me dérange pas du tout.

– Oui mais bon. C'est toi qui paies.

– Aucun problème.

– C'est vrai ?

– Ouais, ouais. Ok ?

– Bon ben alors, d'accord.

– Tiens.

– Merci mon Loulou.

(…)

– Et voilà. Deux-cent balles [1]. d'économisés.

---

1) Balle : euro. 10 balles = 10 euros. Balle은 유로를 뜻한다. 예를 들어 10 balles은 10유로를 의미한다.

Un gars, une fille est une mini-série française composée de 485 épisodes d'environ 6 minutes chacun. Elle raconte sur le ton de l'humour la vie de Jean (alias « Chouchou », joué par Jean Dujardin) et Alex (alias « Loulou », jouée par Alexandra Lamy), un couple de jeunes trentenaires, dans des situations de la vie quotidienne : au restaurant, dans un magasin de vêtements, au lit, dans la salle de bains, etc.

<한 녀석 한 여자>는 각기 6분 정도 길이의 485개 에피소드들로 구성된 프랑스 미니시리즈이다. 이 드라마는 30대의 젊은 커플인 장(« 슈슈 »라고 불리는 캐릭터로 장 뒤자르댕이 연기했다)과 알렉스(« 루루 »라고 불리는 캐릭터로 알렉상드라 라미가 연기했다)가 식당, 옷가게, 침실, 욕실 등과 같이 일상의 공간에서 겪는 삶의 이야기들을 유머러스하게 풀어낸다.

Jean Dujardin et Alexandra Lamy en 2006 au festival de Cannes
(© Georges Biard / Creative Commons Attribution-Share Alike 3.0 Unported)

1. Regardez la vidéo, écoutez et lisez la transcription ci-dessus.

Remarques 주의할 점

À l'oral dans la langue familière, on a tendance à omettre, à « mâcher » ou à déformer un certain nombre de mots ou de phonèmes. Notamment :

회화체에서는 몇몇 단어나 음소들을 삭제하거나, « 씹어서 발음하거나(불분명하게 발음하거나) », 다르게 발음하는 경우가 종종 있다. 예를 들면 :

- Le « ne » de la négation disparaît :

  부정의 « ne »가 생략된다.

  Je ne suis pas d'accord. > Je suis pas d'accord.

- Le « il » impersonnel précédant le verbe falloir aussi :

  Falloir 동사와 함께 쓰이는 비인칭 주어 « il »도 생략된다.

  Il faut partir. > Faut partir.
  Il ne faut pas en parler. > Faut pas en parler.

- Le « u » de *tu* lorsque le verbe qui suit commence par une voyelle ou un h muet également :

  모음이나 무성 h 앞에 있는 *tu* 의 경우 종종 모음 « u »가 생략된다.

  Tu as vu ? > T'as vu ?
  Tu n'es pas au courant ? > T'es pas au courant ?

- « Je suis » est prononcé « chui » :

  « Je suis »는 « chui »로 발음된다.

  Je suis vraiment fier de toi. > Chui vraiment fier de toi.

- « Oui » est prononcé « ouais ».

 « Oui »는 « ouais »로 발음된다.

2. Relisez la transcription des deux dialogues et corrigez les passages soulignés en les écrivant en langue formelle comme dans les exemples ci-dessous.

 C'est pas mangeable, ça. > Ce n'est pas mangeable, ça.
 Qu'est-ce que t'as pris ? > Qu'est-ce que tu as pris ?

3. À votre tour : imaginez une situation de la vie quotidienne d'un couple et écrivez un petit dialogue entre « un gars » et « une fille ». Efforcez-vous d'utiliser les formes d'expression familières proposées dans l'encadré de la page précédente.

Dossier 12. Acrostiches

Sans titre★

Quand je mets à vos pieds un éternel hommage
Voulez-vous qu'un instant je change de visage ?
Vous avez capturé les sentiments d'un cœur
Que pour vous adorer forma le Créateur.
Je vous chéris, amour, et ma plume en délire
Couche sur le papier ce que je n'ose dire.
Avec soin, de mes vers lisez les premiers mots
Vous saurez quel remède apporter à mes maux.

La réponse :

Cette insigne faveur que votre cœur réclame
Nuit peut être à l'honneur mais répond à ma flamme.

1. Écoutez et lisez le poème ci-dessus ainsi que la réponse qui y a été apportée.

a. De quoi est-il question dans ce poème ?

b. Quelle est la relation entre les deux personnes ?

Ce poème est attribué à Alfred de Musset (1810 – 1857), poète et dramaturge français et la réponse serait de George Sand (1804 – 1876), romancière dont le vrai nom est Amantine Aurore Lucile Dupin. Ces deux personnes de lettre ont été amants de 1833 à 1835.

위의 시는 프랑스의 시인이자 극작가였던 알프레드 뮈세(1810-1857)의 작품으로 알려져 있으며, 답신은 프랑스의 여류 소설가이자 본명은 아망틴 오로르 뤼실 뒤팽이었던 조르주 상드의 것으로 여겨진다. 편지를 주고 받은 두 인물은 실제로 1833년부터 1835년까지 연인이었다.

2. Relisez attentivement le poème. Il y a un message caché. Alfred de Musset explique comment le trouver au septième vers. Quel est-il ?

3. Relisez la réponse de Georges Sand. Que répond-elle à sa question cachée ?

Définitions 정의

- Ce procédé qui fait que le premier mot de chaque vers (si on lit verticalement) forme une phrase pleine de sens est appelé *acrostiche*. En général, on utilise la première lettre de chaque vers (ou mot) afin de créer un nouveau mot en rapport avec le poème (ou les autres mots). Plus rarement, comme c'est le cas dans le poème ci-dessus, des mots entiers sont utilisés afin de former une nouvelle phrase.

  각 행의 첫 번째 단어들(수직으로 읽을 경우)이 온전한 의미의 문장을 형성하는 이와 같은 기법을 *이합체* 라고 부른다. 일반적으로 각 행의 첫 번째 철자(혹은 단어)를 사용하여 시 자체(혹은 다른 단어들)와 연결된 새로운 단어를 만들어내는 기법을 말하지만, 간혹가다 위의 시처럼 첫 단어들 전체가 새로운 문장을 만들어내는 식으로 사용되기도 한다.

4. Lisez les messages ci-dessous.

a. À qui est adressé le message de gauche ?

b. De quel lieu est-il question dans le message de droite ?

Sentimental Elégant Beau Aimable Surprenant Tendre Intelligent Enthousiaste Naturel... Je t'aime...	Paradis des monuments Accueille petits et grands Rêve des amoureux et des touristes Inspiration pour les artistes Sa tour la surplombe fièrement

5. À votre tour, essayez de créer un acrostiche. Commencez par choisir un mot (nom, sentiment, lieu, objet, etc.) que vous voulez faire deviner. Écrivez-le verticalement puis laissez parler votre imagination.

6. Écrivez 6 vers qui commencent par les mots proposés ci-dessous. Il n'est pas nécessaire que les vers riment entre eux mais le tout doit être cohérant et avoir un rapport avec la question.

Pourquoi

Es

Tu

Toujours

En

Retard

Dossier 13. Quelques clichés sur les Français et les Coréens

Cliché ! Version française, Cédric Villain

En France, tout le monde porte des rayures, un foulard rouge, un béret et une baguette.
Tous les Français vivent à Paris ou sur la côte d'Azur.
En France, on a tous une vue sur la tour Eiffel.
Bien qu'on mange de la viande de cheval, des grenouilles, des escargots ou des fromages puants, notre cuisine est connue comme une des meilleures du monde.
En France on est élégants, avec de grands couturiers réputés dans le monde entier, même si les Français les plus célèbres sont Jeanne d'Arc, Napoléon Bonaparte, le général de Gaulle, le commandant Cousteau ou le mime Marceau.
En France, notre alimentation est à base de croissants, de foie gras, d'ail et d'oignon et nous ne buvons que du vin rouge… ou du champagne.
En France, on croit que les frites viennent de Belgique.
En France, on se donne « rendez-vous » dans des « culs de sacs » *(prononcez les mots entre guillemets avec un accent anglais).*
Les Français aiment les femmes mais pas dans les affaires, ni en politique.
— « Oh, voilà notre quota féminin. »
En France, on dit souvent « Holala ! »
En France, on a une façon très spéciale d'embrasser.
En France, on écoute de l'accordéon en toutes circonstances.

En France, on a des bateaux-mouches.

Le monument français le plus connu est une antenne radio.

En France, on a le… « déjà-vu ».

La France est le pays de la diplomatie.

— « Vive le Québec libre ! »

— « L'homme africain n'est pas assez entré dans l'histoire. »

En France, les filles sont jolies mais ne se rasent pas.

En France on ne se lave pas. Pourquoi croyez-vous qu'on fasse du parfum ?

En France, les taxis sont grossiers.

En France, les serveurs sont grossiers.

En France, on a des super-héros sexy ! Et des mascottes publicitaires poétiques !

En France, on coupait les têtes avec une machine bizarre.

En France, on veut abreuver nos sillons d'un sang impur.

En France, le sport populaire est la pétanque.

Il y énormément de Français célèbres, comme… Picasso, qui était espagnol ; Salvador Dali, qui était espagnol aussi ; Vincent Van Gogh, qui était hollandais ; Apollinaire, Frédéric Chopin ou Marie Curie qui, tous trois, étaient polonais ; ou Joséphine Baker, l'Américaine.

La France est le pays des droits de l'homme.

En France, on est toujours en grève ou en vacances.

— « Hé merde ! »

1. Regardez la vidéo, écoutez et lisez l'extrait ci-dessus (vous pouvez regarder la vidéo en recherchant « *Cliché ! Version française* » sur Youtube).

2. Faites une liste de choses représentatives de la Corée et de la culture coréenne.

Des tenues vestimentaires représentatives	
Des plats et des aliments emblématiques	
Des lieux célèbres	
Des monuments que tout le monde connaît	
Des personnages historiques	
Des personnes célèbres	
Des comportements, des manières d'être spécifiques aux Coréens	
Des expressions qu'on utilise souvent	

3. Écrivez un texte intitulé *Cliché ! Version coréenne* à la manière du texte *Cliché ! Version française*. Commencez chaque phrase par « en Corée » (cf. les anaphores, 2ème partie, dossier 4 p.99). Écrivez au moins 8 phrases.

En Corée, tout le monde...

Dossier 14. Le caractère français et le caractère coréen

***Le caractère français*, d'après un extrait de *Démocratie française* de Valéry Giscard d'Estaing★.**

Rapide, jusqu'à être versatile[1] ; spontanément ouvert et généreux mais avec un esprit de propriétaire terrien possessif, conservateur et suspicieux[2] ; avide de discussions et de liberté d'esprit mais souvent borné[3] et catégorique, ardemment fier de la France mais bien souvent ignorant de ses réalités et méprisant des jugements extérieurs ; bouillonnant d'idées nouvelles mais attaché à ses vieux schémas de pensée et de fonctionnement ; fin, spirituel, délicat et prévenant mais grossier, il aime bien manger mais est sans-gêne ; habile parleur mais volontiers discutailleur[4] et pinailleur[5] ; cynique[6] et volontiers pédant[7]. Mais malgré tous ces paradoxes, le Français est l'homme le plus sensible du monde.

---

1) Versatile : 변덕스러운
2) Suspicieux : 의심하는
3) Borné : 편협한
4) Discutailleur : 시시콜콜 따지고 드는
5) Pinailleur : 트집잡는
6) Cynique : 파렴치한
7) Pédant : 현학적인

Valéry Giscard d'Estaing (né en 1926) est un homme politique français. Il a été président de la République française de 1974 à 1981. Il s'est consacré à la littérature après sa présidence et a été élu à l'Académie française en 2003. *Démocratie française* qui est son premier essai a été publié en 1976, pendant son septennat.

발레리 지스카르 데스탱(1926~)은 프랑스의 정치인으로, 1974년부터 1981년까지 프랑스 대통령을 역임했다. 대통령직 퇴임 후에는 문학에 몰두했으며 2003년에 프랑스 학술원 회원으로 선출되었다. 대통령 임기 중이었던 1976년 출간된 <프랑스의 민주주의>가 그의 첫 번째 에세이 작품이다.

Valéry Giscard d'Estaing en 1976
1976년의 발레리 지스카르 데스탱
(© Felipeh / Creative Commons Attribution-Share Alike 3.0 Unported)

1. Écoutez et lisez le texte ci-dessus. Quelle est la nature des mots abondamment employés dans cet extrait ?

2. Regardez et écoutez la vidéo sur Internet intitulée *Ma France - Épisode 2/5 : Le caractère des Français en un mot* (vous pouvez trouver cette vidéo en écrivant son titre dans la barre de recherche de Youtube). Relevez les adjectifs utilisés pour caractériser les Français.

3. Faites une liste d'adjectifs pour caractériser les Coréens (trouvez au moins 15 adjectifs). Essayez de leur trouver des qualités et des défauts.

Les qualilés des Coréens (+)	Les défauts des Coréens (-)

4. À la manière du texte *Le caractère français*, écrivez un petit texte (au moins 8 lignes) pour présenter le caractère coréen. Séparez les différentes parties par des points-virgules (cf. la ponctuation, 1ère partie dossier 9 p.67).

Mais, malgré tous ces paradoxes, le Coréen...

PERFECTIONNEMENT
À L'ORAL ET À L'ÉCRIT
프랑스어
스피치와
에세이

3ème partie

Approfondissement à l'oral et à l'écrit

제3부

회화와 글쓰기 심화 과정

Chapitre 1. Raconter

1. Parler de ses habitudes
2. Imaginer le futur
3. Parler de ses habitudes passées
4. Raconter une histoire au passé
5. Écrire un récit au passé
6. Rapporter des paroles au style indirect

Chapitre 2. Décrire

7. Décrire un objet
8. Décrire une personne
9. Décrire un lieu, une ville ou un monument
10. Décrire une image

Chapitre 3. Agir

11. Écrire une lettre amicale
12. Écrire une lettre officielle
13. Écrire une lettre de remerciement

Chapter 1. 이야기하기

1. 습관에 대해 말하기
2. 미래를 상상하기
3. 과거의 습관에 대해 말하기
4. 과거형으로 이야기하기
5. 과거형으로 글쓰기
6. 간접화법으로 이야기 전달하기

Chapter 2. 묘사하기

7. 사물 묘사하기
8. 인물 묘사하기
9. 장소, 도시, 기념물 묘사하기
10. 그림 묘사하기

Chapter 3. 행동하기

11. 친구에게 편지쓰기
12. 업무적인 편지쓰기
13. 감사의 편지쓰기

OBJECTIFS

Dans cette troisième partie, l'objectif sera, notamment à l'écrit, de pousser les apprenants à exiger plus d'eux-mêmes et de passer du niveau des mots et de la phrase à celui du texte. Il s'agira donc pour eux, en suivant un certain nombre de contraintes, de produire des textes ou des discours types en français, textes et discours utiles dans la vie courante comme les lettres de demande ou de réclamation par exemple.

목 적

3부의 목적은 학습자들로 하여금 –특히 글쓰기와 관련하여- 지금까지의 과정을 딛고 일어서서 단어와 문장의 수준을 넘어 텍스트의 차원으로 나아가도록 하는 데 있다. 다시 말해 다양한 규칙들에 따라 프랑스어로 된 텍스트나 담론을 만들어내는 것, 무엇을 요구하거나 요청하는 편지와 같이 일상생활에 유용한 텍스트와 담론들을 만들어내는 것이 이 단원의 목적이라고 할 수 있다.

3ème partie

Approfondissement à l'oral et à l'écrit

Chapitre 1.

Raconter

1. Parler de ses habitudes
2. Imaginer le futur
3. Parler de ses habitudes passées
4. Raconter une histoire au passé
5. Écrire un récit au passé
6. Rapporter des paroles au style indirect

1. 습관에 대해 말하기
2. 미래를 상상하기
3. 과거의 습관에 대해 말하기
4. 과거형으로 이야기하기
5. 과거형으로 글쓰기
6. 간접화법으로 이야기 전달하기

CHAPITRE 1. Raconter 이야기하기

Dossier 1. Parler de ses habitudes

La semaine de Paul-Henri

Paul-Henri va à l'université du lundi au vendredi. Tous les matins, il se lève à sept heures, sauf quand il a une panne de réveil (ou d'oreiller), ce qui lui arrive quand même deux ou trois fois par semaine (satanée technologie !) Après, c'est toujours le même rituel. D'abord, il prend son petit déjeuner : du café (qu'il renverse régulièrement sur son pyjama), du pain (souvent sec), des céréales (quand il y en a encore) et des fruits (s'ils ne sont pas pourris). Ensuite, il se lave, il se brosse les dents puis il s'habille. Puis... Parfois, comme ça ne lui convient pas, il se déshabille, il fouille dans son armoire et il essaie autre chose. Si ça ne va toujours pas, il recommence jusqu'à ce qu'il trouve la bonne formule. Il peut passer comme ça vingt à trente minutes devant sa glace... En théorie, à huit heures moins le quart, il sort de chez lui. En réalité, il se précipite souvent en trombe hors de chez lui aux alentours de huit heures dix dans l'espoir d'attraper le bus qui passe précisément à cette heure-là en bas de son immeuble, dernier espoir pour arriver à l'heure à l'université. S'il ne le rate pas, il arrive sur le campus entre neuf heures moins dix et moins cinq, juste à temps pour boire un café sur le pouce avant d'assister à son premier cours qui commence à neuf heures – comptant sur la bienveillance de son prof qui ne dira rien s'il entre en classe à neuf heures cinq. Bien souvent, en fait, il voit ce fameux bus démarrer au moment où il ouvre la porte de son immeuble et, il a beau le héler et courir derrière, ce maudit chauffeur (toujours le même) fait décidément semblant de ne pas le voir… Ni de l'entendre. Du coup, il est obligé d'attendre une dizaine de minutes le prochain bus. Alors, il arrive sur le campus un peu après neuf heures, trouve quand même le temps de s'acheter un café en passant – café qui finit régulièrement sur ses vêtements (et m**** !) puisqu'il est obligé de monter les escaliers quatre à quatre afin de limiter la casse – et entre dans la salle de cours en essayant de ne pas se faire remarquer, ce qui est généralement un échec. Malheureusement, avec au moins quinze minutes de retard, il n'a pas droit à la clémence de son professeur et se voit attribuer une croix à côté de son nom sur la liste d'appel, encore une. Alors, Paul-Henri se promet que c'est la dernière fois qu'il est en retard. Combien de fois s'est-il déjà fait cette promesse? Et le lendemain…

1. Écoutez et lisez le texte ci-dessus.

2. Dans chaque rubrique ci-dessous, faites une liste de ce que vous faites régulièrement, souvent, parfois, rarement et jamais. Écrivez des phrases comme dans les exemples ci-dessous :

Les activités quotidiennes : Je me brosse régulièrement les dents.
Les activités ménagères : Je fais rarement la vaisselle.

	régulièrement	souvent	parfois	rarement	jamais
Les activités quotidiennes					
Les activités ménagères					
Les études ou le travail					
Les activités sportives					
Les loisirs					

Rappels : 기억할 점들

1) Voici quelques expressions qui peuvent vous être utiles :

알아두면 매우 유용한 표현들 몇 가지

- Pour exprimer une habitude :

  습관을 표현할 때 :

  en général / d'habitude / le dimanche...

  일반적으로 / 평소에는 / 일요일마다...

- Pour exprimer une fréquence avec un adverbe (ou une locution adverbiale) :

  부사를 통해 빈도를 표현할 때 :

  régulièrement / souvent / de temps en temps = parfois / rarement / jamais...

  규칙적으로 / 종종 / 가끔씩 / 드물게 / 한 번도...

- Pour exprimer une fréquence de manière précise :

  보다 정확하게 빈도를 표현하고자 할 때 :

  tous les dimanches / tous les quinze jours = toutes les deux semaines / une fois par semaine / une semaine sur deux / un dimanche sur deux...

  매주 일요일마다 / 15일마다 = 매 2주마다 / 일주일에 한 번 / 두 주간 중에 한 주간 / 두 주에 한 번 일요일에...

• Pour situer des faits dans le temps les uns par rapport aux autres :

어떤 사건의 시간을 다른 사건과의 연관 속에서 이야기하고자 할 때 :

d'abord / ensuite / puis / après / enfin = pour finir...

우선 / 그 다음으로 / 그리고 나서 / ~ 후에 / 마지막으로...

• Pour situer des faits selon les moments de la journée :

하루의 시간 속에 사건을 위치시키고자 할 때 :

aux aurores / le matin / à midi / l'après-midi / le soir / la nuit / à minuit...

새벽 미명에 / 아침에 / 정오에 / 오후에 / 저녁에 / 밤에 / 자정에...

• Pour exprimer l'antériorité ou la postériorité d'une action sur une autre :

어떤 행동의 선후 관계를 표시하고자 할 때 :

-Avant de + verbe infinitif : Avant de sortir, il éteind la lumière. Avant de manger, elle se lave les mains.

-Avant de + 부정법 동사 : 외출하기 전에, 그는 불을 끈다. 식사하기 전에, 그녀는 손을 씻는다.

-Après + verbe infinitif passé : Après s'être brossé les dents, elle s'est lavé le visage. Après avoir écouté les avis des uns et des autres, il a pris la décision finale.

-Après + 부정법 과거 동사 : 양치를 하고 난 후, 그녀는 세수를 했다. 여러 사람의 의견을 듣고 난 후, 그는 최종 결정을 내렸다.

2) L'adverbe s'ajoute au verbe :

동사와 부사의 위치

- Au présent, il est placé immédiatement après le verbe :

  현재형에서는, 동사 바로 뒤에 위치한다.

  Je joue souvent au badminton.

- Au passé-composé, il est normalement placé entre l'auxiliaire *(être* ou *avoir)* et le participe-passé :

  복합과거에서는, 보통의 경우 조동사(*être* ou *avoir*)와 과거분사 사이에 위치한다 :

  Elle a rarement fait des efforts.

3. Racontez oralement ou par écrit ce que vous faites le weekend en général. Utilisez le présent et essayez d'éviter les répétitions des verbes *être* et *avoir* (au moins 8 lignes si c'est à l'écrit).

Dossier 2. Imaginer le futur

La colonisation de Mars

La planète Mars est aujourd'hui devenue la « nouvelle frontière ». Il passera peut-être trois générations avant que nous puissions nous y rendre dans un délai raisonnable mais la perspective semble inéluctable. Nous y construirons une base internationale. Celle-ci sera d'abord le privilège des scientifiques ; les meilleurs de notre planète Terre ! Mais, très vite, viendra le temps de la colonisation. Des charters réguliers traverseront l'espace apportant un à un des lots d'immigrants volontaires. Ceux-ci auront pour tâche d'aider à la construction de larges habitations communes, semblables à celles construites par l'homme au Néolithique naissant. Puis, il sera nécessaire de cultiver des végétaux ou d'élever des animaux afin de nourrir cette nouvelle population de pionniers. Enfin, il faudra penser à une organisation sociale et politique. Je suis bien curieux de savoir quelle forme cette société prendra. Ah ! Si je pouvais vivre jusque-là...

1. Écoutez et lisez l'extrait ci-dessus.

Rappels sur le futur simple : 단순미래와 관련해 기억할 점들

- Pour tous les verbes réguliers (1er et 2ème groupe), on ajoute les terminaisons suivantes au verbe infinitif :

  모든 규칙 동사(1군, 2군동사)들은 부정법 동사 뒤에 단순미래 어미를 붙인다 :

je _ai	*nous _ons*	*tu _as*
vous _ez	*il/elle _a*	*ils/elles _ont*

Ex. : *je jouerai ; tu joueras ; il/elle jouera ; nous joue-rons ; vous jouerez ; ils/elles joueront.*

- Pour les verbes du 3ème groupe en –re, on supprime le *e final* et on ajoute les mêmes terminaisons :

  -re 로 끝나는 3군동사의 경우 마지막 모음 e 를 삭제하고 단순미래의 어미를 붙인다 :

Prendre > prend : je prendrai ; vendre > vendr : nous vendrons.

- Il y a bien sûr un certain nombre de verbes irréguliers dont le radical change. Voici les plus fréquents :

  이외에 동사의 어간이 바뀌는 불규칙 동사들도 있다. 그 중 가장 자주 쓰이는 것들의 예는 :

*avoir > aur_*	*devoir > devr_*
*être > ser_*	*savoir > saur_*
*aller > ir_*	*falloir > faudr_*
*faire > fer_*	*tenir > tiendr_*
*voir > verr_*	*mourir > mourr_*
*venir > viendr_*	*courir > courr_*
*vouloir > voudr_*	*valoir > vaudr_*
*pouvoir > pourr_*	*recevoir > recevr_*

2. Imaginez notre planète dans un futur éloigné. Essayez d'imaginer les objets quotidiens, les moyens de transport, les bâtiments, les manières de vivre, etc. Écrivez au moins 10 lignes ou faites l'exercice oralement.

3. Imaginez votre vie lorsque vous aurez 50 ans : où habiterez-vous ? Quel métier ferez-vous ? Comment sera votre famille ? Etc. Utilisez le futur et évitez les répétitions des verbes *être* et *avoir*. Utilisez des connecteurs logiques (d'abord, ensuite, puis, pour finir, etc.). Écrivez au moins 10 lignes ou faites l'exercice oralement.

4. Activité complémentaire 1. Après avoir vu le film *Peut-être* (Cédric Klapish, 1999), décrivez le Paris du futur imaginé dans ce film.

5. Activité complémentaire 2. Pensez-vous qu'on pourra un jour vivre sur la planète Mars ? Que pensez-vous de la description faite dans le texte *La colonisation de Mars* ?

Dossier 3. Parler de ses habitudes passées

Kanti, d'après un extrait d'*Un ami pour la vie* d'Éric Sable (1998, Bayard Poche)

Kanti et son frère aîné habitaient seuls une petite maison blanche, près du chemin de fer. Kanti n'allait pas à l'école et aidait son frère à vendre des noix de coco et des bananes sur les marchés. Parfois ce dernier partait pendant quelques jours. Alors, pendant des heures, Kanti flânait dans les rues car il aimait regarder le vendeur de thé qui passait en criant, le charmeur de serpents qui s'installait tous les soirs au coin de la rue avec sa flûte ou bien suivre un cornac et son éléphant qui transportait de lourdes charges. Ou alors il allait se promener dans la gare et se mêlait à la foule bruyante et pressée et rêvait de monter dans un des trains qui partaient pour des villes lointaines. Un jour, dans le grand hall, il remarqua une petite fille aveugle qu'il n'avait jamais vue. Elle était petite et mince, vêtue de blanc. Elle avait les yeux fermés et elle souriait.

1. Écoutez et lisez l'extrait ci-dessus.

2. Soulignez tous les verbes du texte. Excepté les verbes *remarquer* (qui est au passé-simple) et *voir* (qui est au plus-que-parfait), à quel temps sont tous les autres verbes de cet extrait ?

Rappels : 기억할 점들

- L'imparfait sert à faire des descriptions au passé ou à parler des circonstances d'événements passés. On l'utilise aussi pour parler d'habitudes dans le passé.

  반과거는 과거를 묘사하거나 과거에 일어난 사건의 상황을 이야기할 때 사용된다. 또한 과거의 습관을 이야기할 때도 반과거가 사용된다.

- L'imparfait se forme à partir du radical de la première personne du pluriel au présent et des terminaisons suivantes :

  1인칭 복수 현재형 동사변화의 어간에 인칭별로 다음의 어미를 붙여준다.

je _ ais — *nous _ ions*
tu _ ais — *vous _ iez*
il/elle/on _ ait — *ils/elles _ aient*

Exemples

Verbe (동사)	1ère pers. du plur. (présent) 1인칭 복수(현재)	Radical (어간)	conjugaison à l'imparfait 반과거 활용
se lever	nous nous levons	lev_	je me levais ; tu te levais ; nous nous levions
s'asseoir	nous nous asseyons	assey_	il s'asseyait ; vous vous asseyiez ; elles s'asseyaient
boire	nous buvons	buv_	tu buvais ; elle buvait ; nous buvions

3. Trouvez la conjugaison à l'imparfait des verbes suivants.

verbe	1ère pers. du plur. (présent)	radical	conjugaison à l'imparfait
étudier			
Finir			
éteindre			
paraître			
servir			
croire			
Voir			

4. Relisez le texte *Kanti* et imaginez une suite à propos de la petite fille aveugle : *comment s'appelait-elle ? Quel âge avait-elle ? Où habitait-elle ? Qui étaient les membres de sa famille ? Que faisait-elle dans la vie ? Quels étaient ses passe-temps ? Que faisait-elle quand elle avait du temps libre ? Qu'est-ce qu'elle aimait dans la vie ?* Utilisez principalement l'imparfait. Écrivez au moins 10 lignes.

5. Racontez à présent un souvenir d'enfance : *vous souvenez-vous quand vous étiez à l'école primaire ? Où habitiez-vous ? Quels étaient vos loisirs ? En général, que faisiez-vous le weekend ? Comment s'appelait votre meilleur(e) ami(e) ? Que faisiez-vous souvent ensemble ? Etc.* Utilisez principalement l'imparfait. Écrivez au moins 10 lignes.

Dossier 4. Raconter une histoire au passé

La plage

Il avait plu une bonne partie de la nuit. La plage était comme blanche, recouverte d'une brume épaisse et l'on ne pouvait distinguer la mer du sable. Je m'approchais des dunes lorsque j'ai entendu une voix. À cette heure très matinale, c'était plutôt une chose surprenante. En général, j'étais seul. La voix n'était pas forte mais insistante et en vérité je ne comprenais rien de ce qu'elle disait. Je me suis alors approché davantage pour tenter de savoir de quoi il s'agissait. Nos regards se sont croisés, j'ai fait un pas en arrière puis je suis resté figé à la regarder. La jeune femme était étendue, les jambes repliées ; la gauche visiblement blessée. Ses cheveux cachaient son visage. Elle semblait avoir passé la nuit ainsi, à même le sol, sans pouvoir bouger. Une fois la surprise passée, je me suis approché et j'ai tenté de la rassurer. Transie de froid, ses pensées divaguaient et je n'ai compris que son prénom : Kate. Mais que pouvait bien faire ici cette jeune étrangère? Avait-elle été victime d'un naufrage ? Avait-elle trop fait la fête la nuit précédente et l'avait-on oubliée là alors qu'elle s'était endormie ? C'est une longue histoire que je ne vous raconterai pas ici. Ce que je peux vous dire, par contre, c'est que Kate est devenue ma femme et que nous vivons heureux ensemble depuis plus de vingt ans.

1. Écoutez et lisez l'extrait ci-dessus. De quoi est-il question ?

2. Relisez l'extrait et relevez les verbes au passé.

a. Classez-les selon qu'ils expriment une habitude ou une action qui se répète, une description, un événement ou un événement antérieur aux autres événements.

b. Dites quels sont les temps du passé utilisés correspondant à ces différentes expressions :

Le verbe exprime :	Exemples	Temps utilisé
Une habitude ou une action qui se répète		
Une description	*La plage était comme blanche*	L'imparfait
Une action / un événement		
Un événement antérieur		

Rappels : 기억할 점들

- On utilise fréquemment trois temps de l'indicatif pour raconter une histoire au passé :

  과거형으로 이야기를 전달하기 위해서는 보통 직설법의 세 가지 시제가 사용된다.

  - L'imparfait sert à faire des descriptions au passé ou parler d'habitudes au passé.

    반과거는 과거형으로 묘사를 하거나 과거의 습관에 대해 이야기할 때 사용된다.

  - Le passé composé est utilisé pour relater les actions, les événements passés.

    복합과거는 과거에 있었던 행동이나 사건들을 이야기할 때 사용된다.

  - Le plus-que-parfait sert à rapporter des faits antérieurs à l'histoire et qui peuvent apporter un éclaircissement ou des informations supplémentaires sur celle-ci.

    대과거는 과거형으로 진술되는 이야기보다 앞선 사건들을 기술함으로써 그 이야기에 대한 보충적인 설명이나 정보를 제공하고자 할 때 사용된다.

- Le plus-que-parfait est formé de l'auxilaire *être* ou *avoir* à l'imparfait et du participe passé du verbe conjugué. Il respecte les mêmes règles d'accord que le passé composé.

  대과거는 조동사(*être* ou *avoir*)의 반과거 형태와 동사의 과거분사의 조합으로 구성되며, 복합과거와 동일한 규칙이 적용된다.

J'avais voulu la rencontrer ; elle était allée chez le coiffeur ; ils s'étaient rendus compte de leur erreur...

나는 그녀를 만나고자 했었다 ; 그녀는 미용실에 갔었다 ; 그들은 자신들의 실수에 대해 설명했다...

- Les verbes conjugués au plus-que-parfait sont souvent accompagnés de marqueurs temporels comme :

  동사가 대과거로 활용되는 경우 종종 다음과 같은 시간적 지표들이 주어진다 :

  La veille, le jour (la semaine) précédent(e), auparavant, précédemment, plus tôt, etc.

  전날 밤, 그 전 날(그 전 주), 그전에, 미리, 그보다 일찍 등.

3. Imaginez ce qui a pu se passer avant.

a. La ville était dévastée. Les arbres étaient couchés, les toits des maisons arrachés. C'était une catastrophe. La nuit précédente...

b. J'étais allongé sur l'asphalte. Ma moto était par terre, à quelques mètres de moi. Une voiture était en travers de la route, complètement cabossée. Je commençais à reprendre mes esprits et à me rappeler ce qui s'était passé. Quelques minutes auparavant...

c. Tout ça s'était fini. Je disais adieu à mon travail, à ma petite vie minable de banlieusard. J'allais enfin profiter de la vie jusqu'à la fin de mes jours, faire ce que je voulais, voyager autour du monde... C'est ce que je me disais quand je suis monté dans l'avion qui allait m'emmener dans ma nouvelle vie. En fait, quelques jours plus tôt...

4. Lisez le début de l'histoire ci-dessous et imaginez la suite. Utilisez l'imparfait, le passé composé et le plus-que-parfait. Essayez d'utiliser les marqueurs temporels proposés ci-dessous. Écrivez au moins 10 lignes.

« Tom a proposé d'explorer la grotte. Alors Louise et moi, nous sommes allés chercher une lampe et une corde... »

Marqueurs temporels à utiliser : *La veille ; quelques instants plus tard ; une heure après ; le lendemain ; une semaine avant ; au même moment ; peu de temps après ; etc.*

5. Racontez une anecdote amusante ou insolite qui vous est arrivée (une rencontre, un incident, un jour de chance, etc.). Essayez d'apporter des précisions sur les circonstances de cet événement ainsi que les circonstances ou les événements précédant cet événement. Efforcez-vous d'utiliser les trois temps du passé (l'imparfait, le passé composé et le plus-que-parfait) ainsi que des marqueurs temporels. Écrivez au moins 10 lignes.

Dossier 5. Écrire un récit au passé

L'ouragan

Le réveil avait été brusque. Lorsque j'ouvris l'œil, le jour venait de se lever et un vent puissant agitait déjà les arbres le long de l'avenue. « Il faut nous dépêcher ! » s'écria Matilda. Je faisais semblant de n'avoir rien entendu sachant que mon attitude allait l'énerver davantage. J'étais d'humeur taquine mais je compris vite mon erreur. En quelques secondes, alors qu'elle continuait de s'agiter en lançant de petits cris de panique, les volets de la chambre se détachèrent pour s'envoler en un long vol plané au-dessus du parking. Le bruit retentit comme un avertissement. J'essayai alors de me protéger le visage : la fenêtre venait de se briser sous la force concentrée d'une bourrasque isolée. L'ouragan gagnait en puissance. « La cave ! » dis-je. « Tous à la cave ! » Le chien aboya comme pour acquiescer. Ses yeux et ses oreilles ne savaient plus où se diriger. Matilda le saisit au collier tandis que j'essayais d'enfiler un pantalon et de réunir un minimum d'affaires. « Mon téléphone », pensai-je. « Quoi d'autre ? » J'allais descendre lorsque la pluie commença à martyriser les tuiles centenaires de l'ancienne villa du gouverneur. Elles ne connurent sans doute jamais une telle intensité. « La tempête du siècle !.. » s'étaient gaussés les habitants du quartier la nuit dernière... J'atteins finalement l'escalier et, en une poignée de secondes, je fus au rez-de-chaussée où de larges débris de la palmeraie recouvraient le sol humide. La porte du hall venait de céder. Tout cela n'était qu'un début...

1. Écoutez et lisez l'extrait ci-dessus. De quoi est-il question ?

2. Relisez l'extrait et relevez les verbes au passé.

a. Classez-les selon ce qu'ils expriment.

b. Les actions et les événements ne sont pas au passé composé. À quel temps sont-ils ?

Une habitude ou une action qui se répète	
Une description	
Une action / un événement	
Un événement antérieur	

Remarques 주의할 점

- Le passé simple est un temps de l'écrit (on ne l'utilise pas à l'oral). Dans les romans, les nouvelles, ou encore les contes, il est généralement utilisé à la place du passé composé.

  단순과거는 글쓰기의 시제이다.(회화체에서는 사용되지 않는다.) 장·단편소설 혹은 콩트 등에서 단순과거는 보통 복합과거를 대신하여 사용된다.

- Le passé simple a la même fonction que le passé composé : il sert à rapporter les actions, les événements au passé. Il s'utilise également avec l'imparfait et le plus-que-parfait (ou le passé antérieur).

  단순과거는 복합과거와 동일한 기능을 한다. 즉 과거에 있었던 행동이나 사건들을 이야기할 때 사용되는 것이다. 단순과거는 또한 반과거나 대과거(혹은 전과거)와 함께 사용되기도 한다.

- Contrairement à d'autres temps, le radical des verbes au passé simple reste toujours le même et les terminaisons possibles sont peu nombreuses.

  여타의 시제와는 달리 단순과거로 활용된 동사의 어간은 언제나 동일하며 어미도 매우 한정적이다.

  ➤ Pour les verbes du 1er groupe : 1군동사의 경우 :
  je _ai ; tu _as ; il/elle _a ; nous _âmes ; vous _âtes ; ils/elles _èrent.

  ✓ étudier : *j'étudiai ; tu étudias ; il/elle étudia ; nous étudiâmes ; vous étudiâtes ; ils/elles étudièrent.*

- Pour les verbes du 2ème groupe : 2군동사의 경우 :
  je _is ; tu _is ; il/elle _it ; nous _îmes ; vous _îtes ; ils/elles _irent.
  - ✓ choisir : *je choisis ; tu choisis ; il/elle choisit ; nous choisîmes ; vous choisîtes ; ils/elles choisirent.*
- Pour les verbes du 3ème groupe : 3군동사의 경우 :
  je _is ; tu _is ; il/elle _it ; nous _îmes ; vous _îtes ; ils/elles _irent.
  - ✓ partir : *je partis ; tu partis ; il/elle partit ; nous partîmes ; vous partîtes ; ils/elles partirent.*
    je _ins ; tu _ins ; il/elle _int ; nous _înmes ; vous _întes ; ils/elles _inrent
  - ✓ venir : *je vins ; tu vins ; il/elle vint ; nous vînmes ; vous vîntes ; ils/elles vinrent.*
    je _us ; tu _us ; il/elle _ut ; nous _ûmes ; vous _ûtes ; ils/elles _urent.
  - ✓ recevoir : *je reçus ; tu reçus ; il/elle reçut ; nous reçûmes ; vous reçûtes ; ils/elles reçurent.*
- *Avoir* et *être* sont particuliers : *Avoir* et *être* 는 별도의 변화형을 가진다.
  - ✓ avoir : *j'eus ; tu eus ; il/elle eut ; nous eûmes ; vous eûtes ; ils/elles eurent.*
  - ✓ être : *je fus ; tu fus ; il/elle fut ; nous fûmes ; vous fûtes ; ils/elles furent.*

3. Écrivez les verbes de l'extrait suivant au temps qui convient (imparfait, passé simple ou plus-que-parfait).

Mon père (être) officier aux Indes ; il me (envoyer) en Angleterre quand je ne (être) encore qu'une enfant. Ma mère (mourir) et je ne (avoir) aucun parent ici. Je (être) donc placée dans une pension, d'ailleurs excellente, à Edinburgh, et j'y (demeurer) jusqu'à dix-sept ans. En 1878, mon père, alors capitaine de son régiment, (obtenir) un congé de douze mois et (revenir) ici. Il me (adresser) un télégramme de Londres annonçant qu'il bien (arriver) et qu'il me (attendre) immédiatement à l'hôtel Langham. Son message (être) plein de tendresse. En arrivant à Londres, je (se rendre) au Langham ; je (être) informée qu'il bien (descendre) ici, mais qu'il (sortir) la veille au soir et qu'il ne pas encore (revenir). Je (attendre) tout le jour en vain.

4. Choisissez un conte (ou une légende) coréen(ne) célèbre. Faites-en le récit en utilisant l'imparfait, le passé simple et le plus-que-parfait (si nécessaire). Écrivez au moins 10 lignes.

Dossier 6. Rapporter des paroles au style indirect

On a bien rigolé, d'après le chapitre 16 du *petit Nicolas* de Jean-Jacques Sempé et René Goscinny★ (1960)

Cet après-midi, en allant à l'école, j'ai rencontré Alceste qui m'a proposé : « N'allons pas à l'école aujourd'hui. » Moi, je lui ai dit que ce n'était pas bien de ne pas aller à l'école, que la maîtresse ne serait pas contente, que mon papa m'avait dit qu'il fallait travailler si on voulait arriver dans la vie et devenir aviateur, que ça ferait de la peine à maman et que ce n'était pas beau de mentir. Alceste m'a répondu que cet après-midi on avait arithmétique, alors j'ai dit « bon » et nous ne sommes pas allés à l'école.

Au lieu d'aller dans la direction de l'école, nous sommes partis en courant dans l'autre sens. Alceste, il s'est mis à souffler et il n'arrivait pas à me suivre. Il faut vous dire qu'Alceste c'est un gros qui mange tout le temps, alors, bien sûr, ça le gêne pour courir, surtout que moi, je suis très fort pour le quarante mètres, qui est la longueur de la cour de l'école. « Dépêche-toi, Alceste », j'ai dit. « Je ne peux plus », m'a répondu Alceste, il a fait des tas de « pouf-pouf » et puis il s'est arrêté. Alors moi, je lui ai dit qu'il valait mieux ne pas rester là, parce que, sinon, nos papas et nos mamans risquaient de nous voir et nous priveraient de dessert et puis qu'il y avait des inspecteurs de l'école et qu'ils nous emmèneraient au cachot et qu'on nous donnerait à manger du pain et de l'eau. Quand il a entendu ça, Alceste, ça lui a donné un drôle de courage et il s'est mis à courir tellement vite, que je n'arrivais pas à le rattraper.

On s'est arrêtés très loin, bien après l'épicerie de monsieur Compani qui est très gentil et chez qui maman achète la confiture de fraises qui est chouette parce qu'il n'y a pas de pépins, ce n'est pas comme les abricots. « Ici, on est tranquilles », a dit Alceste, et il a sorti des biscuits de sa poche et il a commencé à les manger, parce que, il m'a dit que, de courir tout de suite après le déjeuner, ça lui avait donné faim.

« Tu as eu une bonne idée, Alceste, j'ai dit, quand je pense aux copains qui sont à l'école en train de faire de l'arithmétique, j'ai envie de rigoler ! — Moi aussi », a dit Alceste et nous avons rigolé. Quand on a eu fini de rigoler, j'ai demandé à Alceste ce qu'on allait faire. « Je ne sais pas, moi, a dit Alceste, on pourrait aller au cinéma. » Ça aussi, c'était une drôlement bonne idée, mais on n'avait pas de sous. Dans nos poches, on a trouvé de la ficelle, des billes, deux élastiques et des miettes. Les miettes on ne les a pas gardées, parce qu'elles étaient dans la poche d'Alceste et il les a mangées. « Peuh, j'ai dit, ça ne fait rien, même sans cinéma, les autres voudraient bien être avec nous ! — Ouais, a dit Alceste, après tout, je n'avais pas tellement envie d'aller voir *la Revanche du Shérif*. — Ouais, j'ai dit, ce n'est qu'un film de cow-boys. » Et on est passés devant le cinéma pour regarder les images. Il y avait un dessin animé aussi.

« Si on allait au square, j'ai dit, on pourrait faire une balle avec du papier et on pourrait s'entraîner. » Alceste m'a répondu que ce n'était pas bête, mais qu'au square il y avait le gardien et que, s'il nous voyait, il nous demanderait pourquoi on n'est pas à l'école et qu'il nous emmènerait au cachot et qu'il nous ferait le coup du pain et de l'eau. Rien que d'y penser, ça lui a donné faim à Alceste et il a sorti un sandwich au fromage de son cartable. On a continué à marcher dans la rue et quand Alceste a fini son sandwich, il m'a dit : « Les autres, à l'école, ils ne rigolent pas ! — C'est vrai, j'ai dit, et puis, de toute façon, il est trop tard pour y aller, on serait punis. »

Jean-Jacques Sempé (né en 1932) est un dessinateur français. Parmi ses nombreux travaux, il a notamment illustré tous les tomes de la série *Le petit Nicolas*.
René Goscinny (1926 – 1977) est un auteur prolifique, notamment dans le monde du livre de jeunesse et de la bande-dessinée, qui s'est fait connaître grâce à *Astérix, Le petit Nicolas* ou encore *Lucky Luke*.
La série Le petit Nicolas comporte cinq recueils d'histoires courtes publiés entre 1960 et 1964 auxquels ont succédé trois nouveaux recueils d'histoires inédites sortis au début des années 2000.

장 자크 상페(1932 ~)는 프랑스의 삽화가이다. 여러 가지 작품들 중에서도 특히 <꼬마 니콜라> 시리즈의 삽화로 유명하다.
르네 고시니(1926-1977)는 청소년을 대상으로 한 책과 만화 분야에서 많은 작품을 남겼다. 특히 <아스테릭스>와 <꼬마 니콜라>, <러키 루크> 등의 작품으로 유명하다.
<꼬마 니콜라> 시리즈는 1960 - 1964년 사이에 출간된 5권의 짧은 이야기 모음집과 미간행 상태로 남아 있다가 2000년대 초에 출간된 3권의 새로운 이야기 모음집으로 구성되어 있다.

1. Écoutez et lisez l'extrait ci-dessus. Vous avez la possibilité d'écouter cet extrait (en entier) à l'adresse suivante : http://www.unioviedo.es/jamg/audio/petitnicolasCHAPITRE016. mp3

Remarques 주의할 점

- Le style indirect sert à rapporter des paroles. Exemples :

  간접화법은 말을 전달하기 위해 사용된다. 예를 들면 :

  « C'est un excellent Bordeaux. » > Jules dit que c'est un excellent Bordeaux.

  « 이것은 훌륭한 보르도 와인입니다. » > 쥘은 그것이 훌륭한 보르도 와인이라고 말한다.

  « Elle a obtenu un poste en Allemagne. » > J'ai dit qu'elle avait obtenu un poste en Allemagne.

  « 그녀는 독일에서 직책을 얻었다. » > 나는 그녀가 독일에서 직책을 얻었다고 말했다.

- Quand on rapporte des paroles au style indirect, il faut faire attention à la concordance des temps si le verbe de la proposition principale est au passé :

  간접화법으로 말을 전달할 경우 특히 주의할 점은 주절의 동사가 과거형으로 되어 있을 때의 시제일치이다.

  « Je reviens dans une semaine. » > Anne a dit qu'elle revenait dans une semaine.

  « 저는 일주일 후에 돌아올 겁니다. » > 안느는 자신이 일주일 후에 돌아올 것이라고 이야기했다.

- Présent (style direct) > Imparfait (style indirect)

  현재 (직접화법) > 반과거(간접화법)

  « Ils n'ont pas donné suite à mon appel. » > J'ai dit qu'ils n'avaient pas donné suite à mon appel.

  « 그들은 나의 부름에 응답하지 않았다. » > 나는 그들이 내 부름에 응답하지 않았었다고 말했다.

- Passé composé (style direct) > Plus-que-parfait (style indirect)

  복합과거(직접화법) > 대과거(간접화법)

  « On ira tous au Paradis. » > Pierre a dit qu'on irait tous au Paradis.

  « 우리는 모두 천국에 갈거야. » > 피에르는 우리 모두가 천국에 가게 될 거라고 말했다.

- Futur simple (style direct) > Conditionnel présent (style indirect)

  단순미래(직접화법) > 조건법 현재(간접화법)

  « Nous aurons bientôt fini de déménager. » > Simon a dit qu'ils auraient bientôt fini de déménager.

  « 이사가 곧 마무리 될 겁니다. » > 시몽은 그들의 이사가 곧 마무리 될 거라고 이야기했다.

- Futur antérieur (style direct) > Conditionnel passé (style indirect)

  전과거(직접화법) > 조건법 과거(간접화법)

- Quand une phrase est à l'impératif au style direct, on utilise de + *infinitif* au style indirect.

  직접화법의 명령법 문장을 간접화법으로 옮길 경우 *de+ infinitif* 용법을 사용한다.

  « Assieds-toi. » > Ahmed m'a dit de m'asseoir.

  « 자리에 앉아. » > 아메드는 내게 자리에 앉으라고 이야기했다.

  « N'éteins pas la lumière. » > Luce m'a demandé de ne pas éteindre la lumière.

  « 불 끄지 마. » > 뤼스는 내게 불을 끄지 말아달라고 부탁했다.

- Une question fermée (est-ce que…) est introduite par si (ou s' devant il) au style indirect.

  선택형 질문(est-ce que...)을 간접화법으로 만들 경우 도입부에 si(il 앞에서는 s')를 사용한다.

  « Est-ce que tu voteras aux présidentielles ? » > Maria m'a demandé si je voterais aux présidentielles.

  « 너 대통령 선거에 투표할거니 ? » > 마리아는 내게 대통령 선거에 투표할 것인지 아닌지를 물었다.

  « Y a-t-il un endroit calme ici ? » > Noé m'a demandé s'il y avait un endroit calme ici.

  « 이곳에 조용한 장소가 있습니까 ?» > 노에는 내게 이곳에 조용한 장소가 있는지를 물었다.

- Une question introduite par qu'est-ce que (que/quoi) au style direct est introduite par ce que au style indirect.

직접화법에서 qu'est-ce que(que/quoi)로 시작되는 의문문은 간접화법에서 도입부가 ce que 로 바뀐다.

« Qu'est-ce que tu veux savoir ? » > Aïcha m'a demandé ce que je voulais savoir.

« 네가 알고 싶은게 뭐야 ? » > 아이샤는 내가 알고 싶어하는 것을 물었다.

« C'est quoi ? » > Pierrot m'a demandé ce que c'était.

« 이게 뭐니 ? » > 피에르는 내게 이것이 무엇인지를 물었다.

- Une question introduite par un autre mot interrogatif (quand, comment, pourquoi, etc.) est introduite telle quelle au style indirect (mais le sujet et le verbe ne sont pas inversés).

다른 의문사들(quand, comment, pourquoi 등)로 시작되는 의문문은 간접화법에서도 그대로 사용된다.(단, 간접화법의 경우 주어와 동사 사이의 도치가 일어나지 않는다.)

« Quand vont-ils renvoyer mon colis ? » > Cécile s'est demandée quand ils allaient renvoyer son colis.

« 제 소포가 언제 반송될까요 ? » > 세실은 자신의 소포가 언제 반송될지를 물었다.

« Qui est-ce qui veut encore de la salade ? » > Michel nous a demandé qui voulait encore de la salade.

« 샐러드 더 먹을 사람 ? » > 미셸은 우리 중 누가 샐러드를 더 먹고 싶어하는지를 물었다.

- Au niveau du récit, les marqueurs temporels peuvent aussi subir des transformations au style indirect :

이야기의 층위에서 시간을 나타내는 지표들은 간접화법으로 바뀔 경우 다른 표현으로 변화된다.

C'était jeudi dernier. Il m'a dit : « aujourd'hui, j'ai acheté un billet simple pour La Paz, en Bolivie car demain, je pars faire le tour du monde. La semaine dernière, j'ai quitté mon travail et lundi dernier, j'ai trouvé un acheteur pour ma maison. » J'ai été très surpris.

지난 목요일이었다. 그가 내게 말했다. « 오늘, 나는 볼리비아의 라 파즈 행 편도 티켓을 샀어. 내일, 세계일주를 떠날거거든. 지난주에 나는 직장을 그만뒀어. 지난 월요일에 집을 구매할 사람도 구했지. » 나는 몹시 놀랐다.

> *C'était jeudi dernier. Il m'a dit que, ce jour-là, il avait acheté un aller simple pour La Paz, en Bolivie car le lendemain, il partait faire un tour du monde, (il a ajouté) que la semaine précédente, il avait quitté son travail et que le lundi précédent, il avait trouvé un acheteur pour sa maison. J'ai été très surpris.*

지난 목요일이었다. 그가 내게 말하기를 바로 그 날, 볼리비아의 라 파즈 행 편도 티켓을 샀다는 것이었다. 말인즉슨 다음날 세계일주를 떠난다는 것이었다. (그가 덧붙이기를) 한 주 전에 그는 직장을 그만두었으며, 한 주 전 월요일에 살던 집을 구매할 사람도 찾았다고 했다. 나는 몹시 놀랐다.

- (Jour) dernier > le (jour) précédent 전날 > 하루 전
- Hier > la veille 어제 > 그 전날
- Aujourd'hui > ce jour-là 오늘 > 바로 그 날

- Demain > le lendemain 내일 > 그 다음날
- (Jour) prochain > le (jour) suivant 다음날 > 하루 후

2. Écrivez les phrases suivantes au style indirect, comme dans l'exemple.

Elle m'a demandé : « Tu vas bien ? » > Elle m'a demandé si j'allais bien.

a. Il lui a dit : « Je suis occupé maintenant. Je te rappelle demain. » >

b. Je lui ai demandé : « Qu'est-ce qui se passe ? » >

c. Il m'a demandé : « Tu restes dîner ? »

d. Elle m'a dit : « Son avion décollera à 18h25. » >

e. Elle lui a demandé : « Pourquoi tu es têtu comme ça ? » >

f. Le professeur nous a dit : « Asseyez-vous et ouvrez votre livre page 87. » >

g. Il m'a dit : « Je pense qu'on aura tout fini d'ici ce weekend. » >

h. Je lui ai demandé : « Comment comptes-tu venir jusqu'ici ? » >

i. Je lui ai dit : « Ne fais pas l'imbécile. » >

j. Elle nous a dit : « J'ai trop travaillé. Je suis harassée. » >

k. Il m'a demandé : « Ça va ? » >

l. Elle m'a dit : « Oui. » >

3. Relisez l'extrait du *Petit Nicolas* et transformez les phrases du style direct au style indirect et inversement, comme dans les exemples ci-dessous.

... Alceste qui m'a proposé : « N'allons pas à l'école aujourd'hui. » > *... Alceste qui m'a proposé de ne pas aller à l'école aujourd'hui.*

Je lui ai dit que ce n'était pas bien de ne pas aller à l'école, que la maîtresse ne serait pas contente... > *Je lui ai dit : « Ce n'est pas bien de ne pas aller à l'école. La maîtresse ne sera pas contente... »*

4. Imaginez à présent la fin de l'histoire en vous mettant à la place du narrateur (Nicolas) et en rapportant les paroles (réelles ou imaginées) des différents protagonistes au style indirect. Écrivez au moins 12 lignes.

5. Avez-vous déjà « fait l'école buissonnière » (= « séché des cours ») ? Écrivez un petit texte pour raconter cette expérience. Si ça ne vous est jamais arrivé, avez-vous déjà été puni(e) quand vous étiez écolier(e), collégien(ne) ou lycéen(ne) ? Racontez pourquoi vous avez été puni(e) et quelle a été votre punition et votre réaction. Utilisez le style indirect pour rapporter les paroles que vous avez échangées (ou que vous auriez pu échanger). Écrivez au mois 10 lignes.

6. Activité complémentaire. Regardez à présent la vidéo suivante « Le petit Nicolas, saison 1, épisode 46 » (faites une recherche sur Youtube) et prenez des notes concernant la fin de l'histoire de Nicolas et Alceste faisant l'école buissonière.

Chapitre 2.

Décrire

7. Décrire un objet
8. Décrire une personne
9. Décrire un lieu, une ville ou un monument
10. Décrire une image

7. 사물 묘사하기
8. 인물 묘사하기
9. 장소, 도시, 기념물 묘사하기
10. 그림 묘사하기

Dossier 7. Décrire un objet

Le smartphone

Cet objet rectangulaire, toujours à portée de main, et dont la taille ne cesse de grandir au fil des années, est-il réellement devenu indispensable ? Je veux parler des smartphones. Qui aujourd'hui n'en possède pas un plus ou moins récent ? Qui, aujourd'hui, se souvient des cabines téléphoniques devant lesquelles il fallait faire la queue et fouiller désespérément son sac ou bien ses poches en espérant trouver la pièce de monnaie manquante... Bref, inutile de dire qu'ils sont partout, dans les poches ou sur tous les bureaux du monde. Il est parfois difficile de les distinguer tant ils se ressemblent. De plus en plus fins, ils sont désormais blancs, gris, noirs ou bien or. Les concepteurs rivalisent d'ingéniosité pour que chaque mise à jour nous donne l'impression de changer de modèle et ce en changeant la forme des applications, leur couleur, leur typographie. L'objet doit être non seulement rapide, performant mais également esthétique. (...)

1. Écoutez et lisez l'extrait ci-dessus. De quoi est-il question ?

Remarques 주의할 점

- Pour parler d'un objet ou pour le décrire, on peut donner différentes informations concernant :

  하나의 사물에 대해 이야기하거나 그 사물을 묘사하기 위해, 다양한 정보를 제공할 수 있다 :

Sa forme 형태 : *il/elle est/c'est carré네모난, rond(e)둥근, ovale타원형의, rectangulaire직사각형의, triangulaire삼각형의, fin(e)가는/ épais(se)두꺼운, allongé(e)길쭉한…*

Sa taille 크기 : *il/elle est/c'est long(ue)긴, court(e)짧은, petit(e)작은, grand(e)큰, énorme거대한, minuscule매우 작은/ volumineux(-se)부피가 큰 ; ça mesure...사이즈가… 이다*

Son poids 무게 : *il/elle est/c'est lourd(e)무거운, léger(-ère) 가벼운 ; ça pèse… 무게가 … 이다*

Sa couleur 색깔 : *il/elle est/c'est rouge붉은색, bleu(e)파란색, vert(e)초록색, blanc(he)흰색, gris(e)회색...*

Sa matière 재료 : *il/elle est/c'est en bois나무로 된, en métal금속으로 된, en papier종이로 돈, en carton두꺼운 종이로 된, en verre유리로 된, en plastique플라스틱으로 된, en cuir가죽으로 된, en terre흙으로 된…*

Ses qualités 품질 : *c'est lavable = ça se lave 세탁할 수 있는; c'est jetable = ça se jette 일회용의; c'est recyclable = ça se recycle 재활용할 수 있는; c'est imperméable = ça ne laisse pas passer l'eau 방수 처리된; etc.*

La source d'énergie utilisée pour son fonctionnement 동력: *ça marche à l'électricité전기로 움직인다/ au gaz가스로/ avec des piles전지로/ avec une batterie배터리로/ etc.*

Son usage ou sa fonction 사용법 혹은 기능 : *ça sert à... ; c'est utile pour... ; ça permet de...이것은...에 사용된다/ 이것은 ...에 유용하다/ 이것으로 ...을 할 수 있다*

- On peut également parler de sa date de création, de son prix, de son origine géographique ou lieu de fabrication, de ses qualités et le comparer avec d'autres objets similaires.

  뿐만 아니라 그 물건의 제조일, 가격, 생산지 혹은 가공지, 품질에 대해 이야기할 수 있으며, 유사한 다른 물건들과 비교하여 이야기할 수도 있다.

- Poser des questions sur un objet :

  물건에 대해 질문하기 :

  Est-ce qu'on s'en sert à la maison ? À l'université ?

  이것은 집에서 사용하는 건가요 ? 아니면 대학에서 ?

  À quoi ça sert ? À cuisiner ? À lire ?

  어디에 쓰는 거죠 ? 요리 ? 독서 ?

  Ça se mange ? Ça se boit ?

  먹는 건가요 ? 마시는 건가요 ?

Est-ce qu'on peut le manger ? le boire, l'ouvrir ? le plier ?

먹어도 되나요 ? 마셔도 되나요 ? 열어봐도 되나요 ? 접어도 되나요 ?

Qu'est-ce qu'on peut faire avec (ça) ?

이걸로 무엇을 할 수 있죠 ?

Quelques expressions utiles : 유용한 표현들

C'est quelque chose qui sert à ..., c'est un appareil qui permet de ..., c'est un objet utile pour...

...에 사용되는 것이다, ...을 할 수 있게 해 주는 물건이다, ...에 유용한 물건이다.

C'est un appareil indispensable, électrique...

필수품이다. 가전제품이다.

C'est un objet récent, à la mode, de luxe...

최신품이다. 유행하는 상품이다. 사치품이다.

C'est quelque chose qu'on utilise tous les jours...

매일 사용하는 것이다.

C'est comme..., c'est un genre de..., c'est une sorte de...

마치 ... 와 같은 것이다. ...과 같은 종류이다. 일종의 ...이다.

C'est un truc rouge et vert, c'est un machin* en plastique...* (*français familier)

붉은색과 녹색으로 된 것이다, 플라스틱으로 된 것이다...(일상어 표현)

1. À partir des courtes descriptions ci-dessous, retrouvez les adjectifs en –able correspondants, comme dans l'exemple.

Ça se lave. > C'est lavable.

a. Ça se mange. >

b. Ça se casse. >

c. On peut le faire. >

d. Ça s'échange ou ça se rembourse. >

2. Décrivez votre objet préféré. Parlez de sa forme, de sa taille, de son poids, de sa couleur, de sa matière, de sa (ou ses) fonction(s), etc. et expliquez comment vous l'avez obtenu et pourquoi vous aimez particulièrement cet objet. Écrivez au moins 10 lignes.

3. Lisez cette description et devinez de quel objet il s'agit.

C'est un objet qui peut avoir des formes variées. En général, c'est long et fin avec un manche en bois ou en plastique perpendiculaire à un axe généralement en métal qui a la forme d'un ressort et qui est pointu à son extrémité. Cet axe s'enfonce dans un bouchon de bouteille de vin en le faisant tourner dans le sens des aiguilles d'une montre. Ça sert à ouvrir les bouteilles de vin en tirant fort sur ce bouchon. Un modèle célèbre avec deux bras qui se lèvent et qui permet de faire sortir le bouchon plus facilement est surnommé le « Charles de Gaulle » car il rappelle les mouvements que l'ancien président de la République française faisait avec ses bras quand il s'adressait à son public.

4. À votre tour, décrivez oralement ou par écrit un objet de telle manière que le lecteur/l'auditeur doive deviner de quoi il s'agit. Efforcez-vous d'utiliser des pronoms relatifs.

5. À l'écrit ou à l'oral, faites la description d'un objet traditionnel ou ancien de votre pays qui n'est plus utilisé aujourd'hui.

Dossier 8. Décrire une personne

Mon voisin

Mon voisin est quelqu'un de plutôt discret. Je ne le croise que le soir lorsqu'il m'arrive de sortir promener mon chien. Il est de taille moyenne, il a les cheveux noirs et il porte des lunettes fines de couleurs vives. Il n'est pas particulièrement beau mais le soin qu'il porte à ses habits fait de lui quelqu'un d'agréable à voir. Son visage est allongé, ses sourcils sont épais et ses lèvres assez minces. Seuls ses yeux, d'un gris-vert énigmatique, semblent le distinguer. Il a très souvent l'air préoccupé. Malgré un sourire poli, on perçoit que son esprit est ailleurs, concentré sur un quelconque problème personnel ou en relation avec son travail. Je ne sais d'ailleurs pas quelle est sa profession mais tout indique qu'il est un travailleur indépendant, souvent en voyage, et en contact avec des interlocuteurs étrangers. Lorsque je le rencontre, il m'arrive d'entendre des conversations téléphoniques en anglais et dans une autre langue que j'ignore. Si j'étais amateur de fictions, je dirais qu'il a tout du parfait agent secret...

1. Écoutez et lisez le texte ci-dessus. De quoi est-il question ?

Vocabulaire

1) Le portrait physique : 외양묘사

La taille 키 : *être grand(e)키가 큰, petit(e)키가 작은, de taille moyenne중간 키의, haut comme trois pommes(어린이가)키가 몹시 작은, un géant거인, un nain난쟁이.*

La corpulence 체격 : *être gros(se)뚱뚱한, obèse비만한, grassouillet(te)오동통한, corpulent(e)체격이 좋은, trapu(e)작달막한, mince날씬한, svelte날렵한, menu(e)호리호리한, maigre마른, squelettique피골이 상접한. Avoir une large carrure, de larges épaules어깨가 넓다.*

La silhouette 몸매 : *être élancé(e)날씬한, imposant(e)뚱뚱한, droit(e)(몸이) 곧은, penché(e)(몸을) 구부린, bossu(e)구부정한.*

L'allure 외모 : *être jeune젊은/ vieux (vieille)나이든, beau (belle)잘생긴(예쁜)/ laid(e)못생긴, propre깨끗한/ sale더러운, élégant(e)우아한, sportif(-ve)스포츠맨 같은, voûté(e)허리가 굽은, raide comme un piquet꼿꼿이 서 있는. Avoir de l'allure기품이 있다/ une drôle d'allure괴이한 풍채.*

Le visage 얼굴 : *avoir le visage rond둥근, ovale계란형, allongé길쭉한, joufflu볼이 통통한, bronzé구리빛 얼굴을 가지고 있다… Avoir des grains de beauté뺨에 점이 있다/ des taches de rousseur주근깨, une moustache콧수염/ une barbe턱수염/ un bouc염소 수염.*

Le nez 코 : *droit오똑한/ de travers비뚤어진, court짧은, long긴, crochu구부러진, retroussé위로 들린(들창코).*

Les lèvres 입술 : *fines가느다란, épaisses두꺼운, sensuelles관능적인. Avoir la bouche édentée이가 빠진 입을 가지고 있다.*

Les yeux 눈 : *en amande가늘고 긴, enfoncés푹 들어간, globuleux튀어나온, rieurs웃음짓는, coquins장난기 가득한. Bleus파란색 눈, marron밤색 눈, verts초록색 눈, noirs검은색 눈.*

Les oreilles 귀 : *petites작은, grandes큰, décollées (= en feuilles de chou)불쑥 나온(크고 불쑥 나온 귀), en chou-fleur콜리플라워 이어.*

Les joues 뺨 : *rondes둥근, creuses오목한, pâles창백한, roses장미빛의. Avoir des fossettes보조개가 있다.*

Les cheveux 머리카락 : *longs긴/ courts짧은, en brosse스포츠형 머리, hérissés곤두선, soyeux윤기나는, épais숱이 많은, crépus숱이 많고 곱슬곱슬한, lisses반들반들한, raides뻣뻣한, bouclés컬이 된, 곱슬곱슬한, poivre et sel희끗희끗한. Avoir une natte땋은 머리, des couettes묶은 머리타래, une queue de cheval포니테일, une frange이마를 덮은 머리카락, une coupe au bol바가지 머리, un front dégarni대머리, un crâne chauve대머리를 가지고 있다.*

L'expression du visage 얼굴 표정 : *aimable상냥한, sympathique호감 가는, avenant싹싹한, doux부드러운, détendu온화한, souriant웃음짓는, sévère엄격한, tourmenté불안해 하는, triste슬픈, fatigué피곤한, soucieux걱정스러운, fermé내성적인.*

Les vêtements 옷(차림) : *courts짧은/longs긴, amples넉넉한/moulants몸에 딱 맞는, sales칙칙한/propres점잖은(깔끔한), bien repassés잘 다린, sombres어두운 빛깔의/clairs밝은 빛깔의, à la mode유행하는/démodés유행에 뒤진.*

2) Le portrait moral : 성격묘사

Le caractère 성격 : *être gai(e)명랑한, enjoué(e)쾌활한, ouvert(e) 개방적인, timide소심한, rêveur(-se)공상적인, inquiet(-ète)불안해 하는, renfermé(e)감정을 들어내지 않는, difficile까다로운, compliqué(e)복잡한, autoritaire권위적인. Avoir un bon/ mauvais caractère좋은/좋지 않는 성격을 가지고 있다.*

Les qualités 장점 : *être bon(ne)착한, généreux(-se)관대한, courageux(-se)용감한, honnête정직한, juste정의로운, franc(he) 솔직한, ponctuel(le)성실한, adroit(e)솜씨좋은, poli(e)예의바른, soigneux(-se)꼼꼼한, ordonné(e)정리를 잘하는, sociable사교적인, patient(e)참을성 있는, débrouillard(e)곤경을 잘 벗어나는.*

Les défauts 단점 : *être égoïste이기적인, lâche비겁한, menteur(-se)거짓말을 잘하는, tricheur(-se)속임수를 쓰는, capricieux(-se)변덕스러운, coléreux(-se)화를 잘내는, paresseux(-se) 게으른, maladroit(e)서투른, avare인색한, bavard(e)수다스러운, désordonné(e)정돈을 하지 않는, vaniteux(-se)자만심이 강한.*

Les goûts 취미 : *aimer lire독서, la musique음악, la peinture미술, la télévision텔레비전, le chant노래, la danse춤, le sport스포츠, la nature자연, les animaux동물, le chocolat 초콜렛, etc. 등을 좋아하다.*

Les(bonnes/mauvaises) habitudes(좋은/좋지 않은) 습관들 : *se lever tôt일찍 일어나기, marcher pieds nus맨발로 걷기, lire au lit침대에 누워서 책읽기, parler tout seul혼자 이야기하기, mâcher son crayon연필 씹기, se regarder dans une glace 거울 보기, ronger ses ongles손톱 물어뜯기, consulter son téléphone핸드폰 보기, etc.*

2. Décrivez, à l'écrit ou à l'oral, la personne de la photo ci-contre.

3. Rédigez le portrait des deux personnes ci-dessous à partir des éléments fournis :

Safia : femme – à peu près le même âge que vous – grande – regard vif – allure classique – cheveux châtain clair – cheveux mi-longs – un peu ronde – visage assez ordinaire – large sourire.

Jean-Luc : air sérieux – de taille moyenne – mince – front haut – vêtements sportifs – un peu voûté – grosses lunettes – la soixantaine.

4. Choisissez une personne de votre entourage et complétez les tableaux suivants. Vous pouvez vous aidez du vocabulaire de la liste ci-dessous.

Son portrait physique

sa taille et sa corpulence	
sa silhouette et son allure	
son visage (et les parties du visage)	
ses cheveux	
l'expression de son visage	
ses vêtements (en général)	

Son portrait moral

ses qualités	
ses défauts	
ses goûts	
ses habitudes	

5. Faites maintenant le portrait de cette personne oralement ou à l'écrit.

Dossier 9. Décrire un lieu, une ville ou un monument

Carnet de route : Séoul, premières impressions

Je viens d'arriver à Séoul. Je devrais y rester deux mois pour mon stage chez LG. À première vue la ville n'est pas très accueillante. C'est une immense étendue de buildings hétéroclites mais, heureusement, il y a un beau fleuve qui la traverse et, lorsque le ciel est dégagé, une magnifique ceinture de montagnes. La circulation automobile y est impressionnante, c'est dommage. Enfin, le périphérique parisien n'est pas mieux. On m'a dit que la partie ancienne de la ville se situe au nord et que la partie sud est essentiellement dédiée aux grands magasins, cafés et bars à la mode et autres centres commerciaux ; j'espère profiter de mon prochain week-end pour vérifier cela… Si Séoul n'est pas une perle architecturale, les habitants semblent agréables et facile à vivre. Vraiment beaucoup de monde ici ! Autre bon point : le métro est très récent et vraiment pratique, climatisé toute l'année et propre : rien à voir avec notre vieux métropolitain parisien.

1. Écoutez et lisez l'extrait ci-dessus. De quoi est-il question ?

Remarques 주의할 점

- Voici une liste des informations que l'on peut fournir pour parler d'un lieu ou d'une ville :

  어떤 장소나 도시에 대해 이야기할 때 필요한 정보들의 리스트를 정리하면 다음과 같다 :

  Sa situation géographique지리적 위치, son climat기후, sa superficie(표)면적 (la grandeur ou la taille크기 혹은 규모), sa population인구, le niveau de vie de ses habitants주민들의 생활 수준, ses spécialités locales지역 특산물, ses activités économiques경제 활동들, ses curiosités명소들, ses monuments célèbres유명한 기념물들, les personnes célèbres qui y sont nées그 지역 출신 유명인사들, son type d'architecture건축 유형...

- On peut également mentionner ses qualités ou ses défauts :

  또한 그곳의 장점이나 단점들을 언급할 수도 있다 :

  Le bruit소음, l'ensoleillement일조, la pollution공해, la circulation교통, l'environnement환경, l'habitat주거환경, le type de ville도시의 유형 (moderne현대적, ancienne오래된, historique역사적인...), etc.

Vocabulaire et expressions : 어휘와 표현

Sa situation 위치 : *cette ville se situe/se trouve à l'ouest de/ au nord de la Corée이 도시는 한국의 서쪽/북쪽에 위치해 있다, au fond d'une vallée골짜기 깊숙한 곳에, en pleine campagne들판 한복판에, en banlieue교외에, au bord de la mer바닷가에...*

Sa taille 크기 : *c'est une petite/grande ville이것은 작은/큰 도시이다, une ville de taille moyenne중간 크기의 도시, un gros village커다란 마을...*

Sa population 인구 : *Il y a seulement 25 000 habitants그곳의 인구는 고작 25,000명에 불과하다, la population est très élevée인구가 매우 증가했다, c'est une mégalopole메가로폴리스이다...*

Son type 유형 : *c'est une ville ancienne, du Moyen-âge중세시대부터 이어져 온 오래된 도시이다, c'est une banlieue moderne현대적 교외 도시이다, c'est une ville nouvelle신도시이다...*

Son climat 기후 : *le temps/le climat est doux, sec/humide, pluvieux/ensoleillé, capricieux 날씨/기후가 온화한, 건조한/습한, 비가 많이 오는/햇빛이 잘 드는, 변덕스러운...*

Son agriculture 농업 : *culture de fruits, légumes, vignes과일, 채소, 포도 재배... ; élevage de bovins소 사육 (vaches암소), porcins돼지의 (식육용 수퇘지), ovins양의 (porcs식육용 양), volailles가금 (poulets et canards식용 닭과 오리)...*

Ses monuments et ses lieux touristiques기념물과 관광지 : *un château성, un manoir작은 성, un pont다리, une tour탑, une statue 상(像), une muraille성벽, un parc공원, une rivière하천, un fleuve큰 강, un lac호수...*

Son architecture건축 : *romane로마네스크 양식의, gothique 고딕 양식의, baroque바로크 양식의, classique고전주의의, mo-*

derne근대적인, contemporaine현대적인 ; du 13ème siècle13세기 식, du 18ème siècle18세기식, du 20ème siècle20세기 식...

Ses spécialités locales, ses curiosités, etc.지역 특산물, 명소 등 : *c'est une ville connue pour... 이곳은 ...으로 알려진 도시이다*

Ses intérêts흥미 거리 : *C'est une ville riche en monuments 기념물로 가득한 도시이다 ; c'est une ville historique역사적인 도시이다 ; il y a beaucoup de monuments intéressants à visiter방문해 볼만 한 흥미로운 기념물들이 많이 있다 ; c'est une ville très commerçante상업이 매우 발달한 도시이다 ; c'est une ville dortoir베드타운이다 ; c'est une ville très dynamique매우 역동적인 도시이다...*

Sa région지역 : *touristique관광지역, industrielle산업지역, urbanisée도시화된 지역, rurale농촌 지역...*

Ses couleurs색채 : *il fait toujours gris날씨가 항상 흐리다 ; les maisons sont blanches, roses, multicolores집들이 흰색, 장미색, 다양한 색이다...*

Memento : 요점

Proche de + ville ou élément de géographie

Proche de +도시 혹은 지리적 지표

Au bord de + océan, mer, lac

Au bord de +대양, 바다, 호수

Entouré(e) de + plaines, forêt ou montagne

Entouré(e) de +평원, 숲 혹은 산

Traversé(e) par + fleuve ou rivière

Traversé(e) par +중요한 강 혹은 하천

- Pour parler d'un monument on pourra donner les informations suivantes :

  기념물에 대해 이야기할 때에는 다음과 같은 정보를 제공하는 것이 좋다

  Sa situation (dans une région ou dans une ville) 위치(지방 혹은 도시 내에서의)

  Son époque (date unique ou différentes phases de sa construction) 시대(정확한 건립 시기 혹은 다양한 건립 단계들)

  Son architecte et/ou son commanditaire 건축가 혹은 출자자

  Sa fonction (actuelle et/ou passée) 기능(현재 그리고/혹은 과거의)

  Son importance historique ou touristique 역사적 혹은 관광지로서의 중요성

  Son aspect extérieur (ses dimensions, sa forme, son style, ses matériaux...) 외적 모양(크기, 형태, 스타일, 재료...)

  Son intérieur et/ou les alentours (jardin, plan d'eau, espace boisé...) 내부 그리고/혹은 주변부(정원, 수로, 숲이 우거진 공간)

2. Souvenir d'enfance. Décrivez, à l'écrit ou oralement un lieu qui vous a marqué ou pour lequel vous aviez un attachement particulier lorsque vous étiez enfant. Expliquez pourquoi (à l'écrit, écrivez au moins 8 lignes).

Rappels : 기억할 점들

L'accord des adjectifs de couleur : 색깔 형용사의 일치

- Lorsque l'adjectif est simple, il s'accorde avec le nom qu'il qualifie :

  하나의 형용사가 사용될 경우, 수식하는 명사의 성,수에 일치한다.

  Un pantalon vert => des pantalons verts, des robes vertes…

- Lorsque l'adjectif est un nom (marron, citron, turquoise, or, kaki, olive, marine, etc.), il est invariable :

  명사에서 나온 형용사(밤색, 레몬색, 터키옥색, 카키색, 올리브색, 감색 등)는 변하지 않는다 :

  Une jupe marron => des jupes marron

  ! Exceptions : rose, fauve et mauve prennent un « s » au pluriel (des robes roses).

  ! 예외 : 장미색, 엷은 황갈색, 엷은 보라색의 경우 수식하는 명사가 복수일 때 's'만 침가한다.

- Lorsque l'adjectif est composé, il est invariable :

  합성 형용사의 경우 명사의 성, 수에 일치하지 않는다 :

  Une robe jaune foncé => des robes jaune foncé / un pantalon bleu clair => des pantalons bleu clair

- Le sens que l'on souhaite donner à la phrase peut modifier l'orthographe des adjectifs qualificatifs.

  문장의 의미에 따라 품질 형용사의 철자가 달라질 수 있다.

Des chiens noir et blanc (chaque chien est noir et blanc검은색과 흰색 강아지 각각 한 마리씩) / des chiens noirs et blancs (il y a à la fois des chiens noirs et des chiens blancs검은색 강아지들과 흰색 강아지들).

3. Faites la description orale ou écrite du monument sur la photo ci-contre. Vous pouvez faire des recherches pour avoir des informations complémentaires concernant ce monument (à l'écrit, écrivez au moins 8 lignes).

La mosquée Ketchaoua d'Alger
(ancienne cathédrale Saint-Philippe) 1899

4. Décrivez, à l'écrit ou à l'oral, la ville ou le quartier où vous habitez. Mentionnez les aspects positifs mais aussi les aspects négatifs (à l'écrit, écrivez au moins 10 lignes).

5. Activité complémentaire. Vous êtes journaliste dans un magazine et vous devez écrire un article pour la rubrique « voyage ». Choisissez un pays et une ville en particulier, faites des recherches et laissez aller votre imagination. Écrivez au moins 15 lignes.

Remarques 주의할 점

Attention ! Un article de presse c'est aussi une forme particulière. Celui-ci doit contenir :

기억해 둘 것 ! 신문 기사 역시 고유한 형식을 가지고 있다. 기사에는 다음과 같은 요소들이 포함되어야 한다 :

Un titre제목, un chapeau서문 (c'est-à-dire un résumé en une ou deux phrases du contenu de l'article한 두 문장으로 기사 전체의 내용을 요약한 것), le nom de l'auteur et éventuellement son statut기사를 쓴 사람의 이름과 경우에 따라서는 그의 지위도, différentes parties ou paragraphes séparés par des intertitres ou des citations중간 표제어나 인용들에 의해 구분된 부분이나 단락, des données chiffrées수치로 된 자료, éventuellement des photos필요할 경우 사진들, des dessins ou des schémas그림 혹은 도표. Enfin, il sera écrit en deux ou trois colonnes.마지막으로, 기사는 둘 혹은 세개의 단에 쓰여지는 것이 좋다.

La gare Saint Lazare de Claude Monet, 1877

Ce tableau est un des plus représentatifs de ce que l'on nommera l'impressionnisme. Le peintre planta son chevalet sous la grande verrière du hangar où circulent rames de passagers et locomotives à vapeur. Le trafic semble intense. Au premier plan, des employés de la Compagnie des chemins de fer s'affairent nonchalamment. Puis, c'est un épais écran de fumée et de vapeur s'échappant des machines qui occupe le centre du tableau et capte l'attention de l'artiste. Les formes sont difficilement perceptibles mais c'est le jeu de la lumière entre l'ombre de la gare et la lumière d'un après-midi ensoleillé qui fascine Monet. Dans le fond (= à l'arrière plan), on peut apercevoir les grands immeubles parisiens du quartier Saint Lazare. Les passagers, eux, se regroupent sur le quai à droite au milieu du vacarme. Plusieurs raisons font que ce tableau est emblématique. Tout d'abord, il est particulièrement illustratif du traitement de la lumière ainsi que de l'application en touches rapides de couleurs vives qui accompagnent cette nouvelle conception de la peinture. Ensuite, il est faux de penser que les peintres impressionnistes n'ont peint que des scènes idylliques de la campagne de l'Île de France. Représenter une gare c'est aussi montrer la révolution industrielle à l'œuvre dans cette fin de siècle en France et ainsi faire rentrer comme sujet pour la peinture des hommes et des objets que l'on n'imaginait pas pouvoir être représentés il y a peu d'années auparavant. La modernité des paysages urbains rentrera ainsi peu à peu au musée.

1. Écoutez et lisez l'extrait ci-dessus. De quoi est-il question ?

Remarques 주의할 점

- Le mot « image » fait référence à beaucoup d'objets différents. Il peut s'agir d'une peinture, d'un dessin, d'une photographie, d'une publicité dans un magazine, d'une affiche publicitaire, politique ou de film, d'une illustration ou d'une couverture de livre... Il est donc nécessaire de préciser les caractéristiques de l'image à laquelle on a affaire.

« 이미지 »라는 단어는 다양한 대상을 지칭할 수 있다. 예를 들어 그림이나 데셍, 사진, 잡지에 실린 광고, 선거용 포스터나 영화 광고 포스터, 책의 삽화나 표지 등을 지칭할 수 있다. 따라서 « 이미지 »라는 단어를 사용할 때는 그 성격을 명확히 밝혀줄 필요가 있다.

- Chaque catégorie d'image possède ses spécificités techniques mais, d'une manière générale, pour toutes ces images il est possible de trouver des points communs. Ainsi, on s'intéressera à :

이미지의 각 카테고리마다 기술적 특수성을 가지고 있는 것은 사실이지만, 일반적으로 말해 모든 이미지들에서 일정한 공통점을 찾아볼 수 있다. 그 예를 들어보면 다음과 같다 :

➤ *La composition구성* (ou *les lignes de force자기력선*) et les effets de profondeur 입체효과(perspective géométrique ou perspective atmosphérique기하학적 원근법 혹은 공기원근법). On notera les lignes horizontales (dont la ligne d'horizon), les verticales, les diagonales et les obliques. La composition d'une image peut être également circulaire ou comporter beaucoup de courbes.

수평적인 선들(수평선을 포함한), 수직적인 선들, 대각선들, 사선들을 그려 넣을 수도 있다. 한 이미지의 구성은 원형일 수도, 다시 말해 다양한 곡선을 포함할 수도 있다.

Nicolas Poussin, *La fuite en Égypte,* 1657
니콜라 푸생, <이집트로의 피신>, 1657

➤ *Les plans* qui, généralement, sont au nombre de trois : le *premier plan*, le *second plan* (ou plan intermédiaire) et, à l'horizon, le *troisième plan* ou l'*arrière plan* (ou fond).

*경(景)*에는 일반적으로 3가지가 있다 : 전경, 제2경(중경), 멀리 있

는 제3경 혹은 후경(배경)

À l'arrière-plan, Paris et Notre-Dame

Au second plan, la vague des insurgés en armes guidés par l'allégorie de la liberté.

Au premier plan, les cadavres des insurgés.

Eugène Delacroix, *La liberté guidant le peuple*, 1830
외젠 들라크루아, <민중을 이끄는 자유의 여신>, 1830

➤ *La lumière* qui peut être *directe* ou *frontale*, de *trois quarts*, de *profil*, à *contre-jour* ou en *clair-obscur*.

빛에는 직접적 혹은 정면에서의 빛과 중간 옆에서의 빛, 옆에서의 빛, 역광 혹은 미광 등이 있다.

Exemple de clair-obscur
미광의 예

Georges de la Tour, *Sainte Madeleine*, vers 1640
조르주 드 라 뚜르, <성 막달라 마리아>, 1640년 경

➤ *Les couleurs* qui peuvent être *vives*, *contrastées* ou *nuancées* (*gris* ou *pastel*) ; elles peuvent être disposées *en aplats* ou *par touches*.

색상에는 선명한색상, 대비색상, 미묘한색상(회색 혹은 파스텔색) 등이 있다. 또한 단일색조나 다양한 터치들로 이미지가 이루어질 수도 있다.

Gustave Caillebotte,
Le Pont de l'Europe, 1876
귀스타브 카유보트, <유럽의 다리>, 1876

- Pour commenter une image il est préférable de hiérarchiser son discours. On parlera d'abord de ce que l'on voit de manière globale pour, peu à peu, s'intéresser aux détails.

  이미지를 비평하기 위해서는 담론의 층위를 나누는 것이 바람직하다. 일반적인 관점에서부터 시작하여 점차 세부적인 점으로 들어가는 것이 좋다.

  - Ainsi, dire en premier à quel genre appartient l'image (peinture, photographie, affiche, etc.), si possible situer l'époque ou bien l'auteur, la période dans l'histoire de l'art et le genre artistique (paysage, portrait, etc.).

    제일 먼저 이미지의 종류(회화, 사진, 포스터 등)와 가능하다면 시대와 작가, 예술사에서 어느 시기에 속했는지, 그리고 어떤 장르(풍경화, 초상화 등)에 속했는지를 이야기한다.

  - Ensuite, on décrira ce que l'on voit en suivant une lecture par plan, en allant du général au particulier.

    다음으로, 보이는 장면을 따라가며 이야기하되, 일반적인 것에서부터 세부적인 것으로 나아간다.

  - Enfin, viendront les aspects plus techniques, la composition, couleurs, etc.

    마지막으로, 보다 기술적인 면들, 즉 작품의 구성이나 색채 등에 대해 이야기한다.

  - En conclusion, on pourra dire ce que l'on pense et/ou ressent.

    결론으로, 작품에 대한 개인적인 생각과 인상을 이야기한다.

Expressions utiles : 유용한 표현들

Il s'agit d'une photographie, d'une affiche / C'est une peinture...

이것은 사진, 포스터와 관련된 작품이다 / 이것은 그림이다...

Ce dessin date de... / appartient à la période... / C'est une œuvre de + nom propre.

이 데생의 연도는... / 이 데생은 ... 시대에 속한다 / 이것은 ...의 작품이다

Il s'agit d'un portrait, d'une peinture historique qui représente...

이것은 ...를 담은 초상화, 역사화이다.

Au premier plan, on peut voir.../ au second/ Sur la ligne d'horizon, il y a/ on peut apercevoir...

전경에서는/중경에서는 ...을 볼 수 있다 / 수평선에는 ...이 있다 / ...을 알아볼 수 있다

La composition est très élaborée/ simple, savante, dynamique, géométrique...

구성이 매우 손이 많이간 / 단순한, 복잡한, 역동적인, 기하학적인...

Les couleurs sont violentes/ douces, agréables... / La palette du peintre est limitée à... / Les couleurs sont disposées de manière...

색채가 강렬한/부드러운, 쾌적한... 화가의 팔레트가 ...에 한정되어 있다 / 색채가 ...방식으로 배치되어 있다

Le dessin est très précis/ rapide, minutieux, réaliste, poétique, idéalisé...

데생이 매우 뚜렷한/간결한, 세심한, 사실적인, 시적인, 이상화된...

On peut voir que l'artiste a voulu exprimer, suggérer, défendre, évoquer, réaliser une œuvre qui...

예술가가 ...한 작품을 표현하기를, 암시하기를, 옹호하기를, 떠올리기를, 구현하기를 원했던 것으로 보인다

Je pense/ trouve que/ j'aime bien la manière dont (l'artiste) à... / On peut ressentir... / Cela me fait penser à...

내 생각에는 / 내 판단으로는 / 나는 (예술가가) ... 한 방식을 매우 좋아한다 / 우리는 ...을 느낄 수 있다 / 이 작품은 내게 ...이 떠오르게 한다

2. Écrivez un texte à propos d'une peinture, d'un dessin ou d'une photographie que vous aimez en essayant de présenter l'image (date, auteur, etc.), d'en faire une description simple et d'expliquer pourquoi vous aimez cette image, ce qu'elle évoque pour vous, etc.

3. En suivant les conseils de hiérarchisation du discours de la page précédente, faites la description de l'image ci-dessous.

Jacques-Louis David, *Le Serment des Horaces*, 1784

Chapitre 3.

Agir

11. Écrire une lettre amicale
12. Écrire une lettre officielle
13. Écrire une lettre de remerciement

11. 친구에게 편지쓰기
12. 업무적인 편지쓰기
13. 감사의 편지쓰기

Dossier 11. Écrire une lettre amicale

Ma chère Sophie

Saint Petersbourg, le 12 février 2016.

Ma chère Sophie,

Je prends enfin le temps de t'écrire pour t'annoncer que je serai de passage à Bordeaux prochainement. En effet, après plusieurs années passées à Londres, mon directeur m'a annoncé la semaine dernière ma mutation en France. Retour au pays! Quelle nouvelle! Je ne m'y attendais pas et ne sais pas très bien comment prendre la chose. D'après mes informations, notre société veut élargir sa clientèle et envisage ainsi une implantation en France. Pour ma part, je vais d'abord profiter de l'occasion pour aller rendre visite à ma famille que je n'ai pas vue depuis deux ans déjà. C'est donc pour cela que je t'écris. Aurais-tu un moment pour que nous prenions un café ? J'imagine que tu es très occupée avec tes deux enfants. Ils doivent être grands maintenant, aller au collège, au lycée ? Est-ce que tu as repris ton travail dans l'agence de publicité que ton oncle dirigeait ? Tu vois, j'ai beaucoup de questions et j'avoue être impatient de te revoir, de prendre de tes nouvelles et d'évoquer nos souvenirs communs.

Écris-moi vite si tu es disponible entre le 23 mars et le 07 avril.

À très bientôt. Je t'embrasse,

Pierre

1. Écoutez et lisez la lettre ci-dessus. Quel est le but de l'auteur de la lettre ?

2. Trouvez dans la lettre ci-dessus les mots ou les expressions utilisés pour :

- saluer au début de la lettre.
- saluer à la fin de la lettre.
- prendre des nouvelles de son correspondant.

Remarques 주의할 점

- La lettre ou l'email amical est peu codifié. C'est un espace où il est possible de s'exprimer librement, de se confier, de donner de ses nouvelles ou de prendre des nouvelles de quelqu'un…

  친구에게 보내는 편지나 이메일과 관련해서는 체계화된 규칙이 거의 없다. 이 공간은 비교적 자유롭게 자기 의사를 표현할 수 있고, 속 이야기를 할 수 있으며, 소식을 주고받을 수 있는 공간이다.

- Néanmoins, en règle générale on date et localise la lettre ou la carte postale (en haut à droite) et on signe à la fin. Ce n'est pas le cas de l'email.

  일반적으로 편지나 우편 엽서의 경우 (오른쪽 위에) 날짜와 주소를 기재하고, 마지막에 이름을 적는 것이 원칙이다. 이메일에는 이러한 규칙이 적용되지 않는다.

Expressions utiles : 유용한 표현들

- **Au début :**

  편지의 첫머리에 :

  Cher / chère / chers / chères. Chers parents, chère maman, cher ami…. / Mon cher fils, Mes chères amies… / Ma très chère, Mon très cher….

  Mon petit Jean, Ma petite Sylvie… Mon vieil ami, Mon vieux copain…

  Ma chérie, Mon chéri, Mon amour…

  ! Dans un email, des salutations comme *Bonjour*

ou *Salut** suffisent.

! 이메일에서는 *Bonjour* 나 *Salut**와 같은 인사만으로 충분하다.

! Attention : On écrit : *Mon cher ami / Ma chère amie / Mes chers amis / Mes chères amies*... et non : ~~*Cher mon ami*~~...

! 조심할 것 : *Mon cher ami / Ma chère amie / Mes chers amis / Mes chères amies*... 라고 쓰지, ~~*Cher mon ami*~~...라고는 쓰지 않는다.

Dans le corps de la lettre, il n'est pas rare de donner de ses nouvelles et de prendre des nouvelles de son correspondant :

편지의 본문은 흔히 서로의 새로운 소식들을 주고 받는 내용들이 주를 이룬다.

- **Pour prendre des nouvelles de son correspondant :**

상대방의 소식을 묻는 표현 :

*Comment allez-vous ? Comment vas-tu ? Quoi de neuf ?**

뭐 새로운 소식 있니 ?

- **Pour donner de ses nouvelles :**

자신의 소식을 전하기 위한 표현 :

Moi, je vais bien. J'ai beaucoup de choses à te/vous raconter/confier.

너에게/당신에게 전할/털어놓을 이야기들이 많다/많습니다.

Il m'est arrivé une drôle d'histoire qu'il faut que je te/vous raconte.

너에게/당신께 전할 굉장한 이야기를 들었어/들었습니다.

- **À la fin :** 편지의 말미에

Bien cordialement, Sincèrement vôtre...
Bien amicalement, Très amicalement, Amitiés...
(Bien / très) Affectueusement, Mille pensées, Bien à toi, Je t'embrasse/Je vous embrasse, ***Bisous*, Salut*, Ciao****...

**Ces expressions sont familières.일상어 표현들이다.*

3. Vous êtes en voyage en Crète depuis une semaine, écrivez une carte postale à vos parents ou à un(e) ami(e).

4. Trente ans après, vous venez de retrouver par hasard un(e) ami(e) d'enfance. Vous écrivez une lettre à un(e) ami(e) commun(e) pour lui raconter votre découverte.

Dossier 12. Écrire une lettre officielle

Exemple de lettre officielle

Monsieur Mohamed Souffi

8 route de la Jonelière 44100 Nantes

Tél : 06.18.92.46.87

Email : m.souffi@lemail.fr

Monsieur Jérôme Duchamp

22 rue Paul Ramadier 44200 Nantes

Nantes, le 30 avril 2016

Objet : Demande de révision du montant des charges

Monsieur Duchamp,

Je suis le locataire de l'appartement situé 8 route de la Jonelière à Nantes. Je me permets de vous écrire dans le but de comprendre le décompte des charges que vous m'avez transmis en date du 21 avril 2016.

En effet, celui-ci indique que le nouveau montant des charges s'élève à 165 € or, non seulement je n'ai reçu aucune information concernant cette augmentation mais, surtout, d'après le contrat de location, cette dernière ne peut être réalisée qu'annuellement, à savoir à la fin du mois de décembre prochain. Dans ces conditions, je vous prie de bien vouloir m'adresser un nouveau décompte remis à jour.

Dans l'attente de votre réponse, je vous prie de croire, Monsieur, à l'expression de mes sentiments les meilleurs.

Mohamed Souffi

1. Écoutez et lisez la lettre ci-dessus. Quelle est l'intention de son auteur ?

2. Essayez d'identifier les différentes parties composant la lettre ci-dessus : *l'en-tête, la formule d'appel, l'amorce, le corps de la lettre, la formule finale de politesse, la signature.*

Remarques 주의할 점

- Une lettre officielle demande une expression claire et directe. Ses formes sont codifiées et correspondent aux exigences de politesse et de communication avec quelqu'un que l'on ne connaît pas.

  업무적인 편지(공문서)에는 명확하고 직접적인 표현이 요구된다. 형식 또한 체계화되어 있는데, 개인적으로 잘 알지 못하는 사람에게 예의를 갖추어 의사를 전달하기 위해 요구되는 형식을 지켜야 한다.

- Dans la lettre doivent apparaître :

  편지에는 다음과 같은 부분이 포함되어야 한다 :

  ➤ **Un en-tête** : 편지의 상단

  En haut, à gauche : les coordonnées de l'expéditeur (Madame, Monsieur, suivis du nom de famille et du prénom ; l'adresse, le code postal, le téléphone et l'adresse électronique)

왼쪽 상단 : 발신인의 이름과 연락처(Madame, Monsieur, 성, 이름 ; 주소, 우편번호, 전화번호, 이메일주소)

En haut, à droite : les coordonnées du destinataire (Madame, Monsieur, suivis du nom de famille et du prénom ; la fonction, l'adresse)

오른쪽 상단 : 수신자의 이름과 연락처 (Madame, Monsieur, 성, 이름 ; 지위, 주소)

En haut, à droite : la date et le lieu d'émission (par exemple : *Paris, le 09/12/2015*)

오른쪽 상단 : 날짜와 발송 장소(예 : *Paris, le 09/12/2015*)

En haut à gauche : l'objet ou la référence

왼쪽 상단 : 목적 혹은 조회번호(기호)

➤ **Une formule d'appel** : 호명을 위한 표현

En général : ***Madame, Monsieur et, si possible, le nom du ou de la responsable du dossier.***

일반적인 표현들 : *Madame, Monsieur, 가능할 경우 문서의 책임자 이름*

Autres cas : ***Monsieur le Directeur, Maître ou Cher Maître (avocat, notaire), Monsieur le Maire, Docteur ou Madame, Mon Général, Mon Père (clergé), Madame/ Monsieur le professeur***

• 기타 표현들 : *Monsieur le Directeur, Maître ou Cher Maître (avocat변호사, notaire공증인), Monsieur le Maire, Docteur ou Madame, Mon Général, Mon Père (clergé성직자), Madame/ Monsieur le professeur*

➤ **Une amorce** : 도입 표현

Pour une demande ou une commande부탁이나 명령을 위한 표현 : Je vous prie de... *Je vous prie de bien vouloir... Je me permets de vous écrire pour/ afin de...*

Pour un accusé de réception수령증을 위한 표현 : J'ai bien reçu... Comme suite à votre lettre du... (date) et/ou références.

Pour une réclamation ou un refus 요구사항이나 거절을 위한 표현: *J'ai le regret de vous signaler que... Je me permets de vous signaler...*

Pour une information ou un envoi 정보나 발송내용을 위한 표현 : *Vous voudrez bien trouver ci-joint(e)... J'ai l'honneur de...*

➤ **Une formule finale de politesse qui change en fonction du rapport hiérarchique entre l'expéditeur et le destinataire** :

편지 말미의 인사 표현은 발신자와 수신자 사이의 위계 관계에 따라 달라진다 :

✓ Rapport inférieur < supérieur 발신자가 위계상 아래에 있을 경우 : *Je vous prie d'agréer, Monsieur/*

Madame…, l'expression de mon profond respect // l'expression de mon dévouement respectueux // de mes sentiments dévoués.

✓ Rapport supérieur > inférieur 발신자가 위계상 위에 있을 경우 : *Je vous prie de recevoir, Monsieur/Madame…, l'assurance de ma parfaite considération // de mes sentiments respectueux.*

✓ Rapport d'égal à égal 발신자와 수신자가 동등한 위치에 있을 경우 : *Je vous prie de recevoir l'assurance de mes salutations distinguées // de mes sentiments les meilleurs // de mes sentiments distingués.*

✓ Voici quelques variantes : 몇 가지 변이 형태들
En vous remerciant par avance, nous vous prions d'agréer, Monsieur, l'assurance de nos salutations… // Nous vous remercions de votre fidélité et vous prions de…
Dans l'attente de votre réponse, nous vous prions…. // Dans l'attente de votre confirmation, je vous prie… // Dans l'attente de vous lire…

✓ Comme formule plus courte, notamment pour un e-mail, on trouvera : 보다 짧은 형식의 편지, 예를 들어 이메일의 경우 : *Recevez/ Veuillez recevoir, Monsieur/ Madame/ Messieurs/ Mesdames, mes salutations. (Bien) cordialement. (Bien) sincèrement.*

➤ **Une signature qui se situe généralement en bas à droite.**

서명은 보통의 경우 오른쪽 하단에 한다.

3. Retrouvez les différentes parties de la lettre officielle dans le modèle vide ci-dessous.

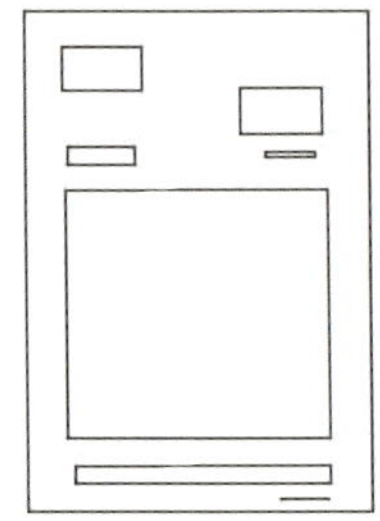

A. Adresse de l'expéditeur

B. Objet

C. Signature

D. Date et lieu

E. Corps de la lettre avec amorce et paragraphes

F. Formule de politesse

G. Adresse du destinataire

4. Lisez une liste de verbes ci-dessous et les prépositions qui les accompagnent. Choisissez en sept puis essayer de rédiger une phrase avec chacun d'eux.

a. *envoyer/ adresser quelque chose à quelqu'un*

b. *téléphoner à quelqu'un/ appeler quelqu'un*

c. *prévenir/ informer quelqu'un*

d. *demander à quelqu'un de faire quelque chose*

e. *ne pas oublier de faire quelque chose*

f. *penser à faire quelque chose*

g. *remercier/ être reconnaissant de*

h. *être en charge/ s'occuper de quelque chose ou quelqu'un*

i. *s'engager à faire quelque chose*

j. *promettre de faire quelque chose*

k. *interdire/ défendre à quelqu'un de faire quelque chose*

l. *autoriser quelqu'un à faire quelque chose*

m. *permettre à quelqu'un de faire quelque chose*

n. *avoir le plaisir/ être heureux de faire quelque chose (pour quelqu'un)*

5. En vous inspirant du modèle ci-dessus, écrivez une lettre de réclamation suite à une erreur sur votre facture d'électricité. Respectez la forme de la lettre officielle.

6. Votre séjour linguistique d'un an en France se termine. Vous rentrez dans votre pays dans une semaine. Vous écrivez une lettre afin de clore votre compte bancaire ou votre abonnement téléphonique. Respectez la forme de la lettre officielle.

Dossier 13. Écrire une lettre de remerciement

Exemple de lettre de remerciement

Luce.f@gmail.com

Cher Soufiane,

Un mot pour te remercier de l'aide que tu m'as apportée. Il y a deux semaines j'étais vraiment en peine de savoir comment j'allais pouvoir me débrouiller pour, à la fois déménager et me présenter à temps à mon entretien d'embauche à l'autre bout de la ville. Heureusement tu étais là ! Toi et ta joyeuse bande de copains que je veux aussi remercier du fond du cœur.
J'ai trouvé l'appartement parfaitement rangé – du moins dans la mesure du possible – et le soir, je n'avais plus qu'à me détendre. Quel soulagement ! Je n'aurais jamais pu réussir ce changement de vie sans ton aide. Sache que dans quinze jours j'organiserai une petite fête où vous êtes tous invités bien évidemment.
Car, l'autre bonne nouvelle, c'est que j'ai obtenu le poste de secrétaire de direction chez EXOIL. Alors raison de plus pour s'amuser. Je t'écris bientôt pour te donner plus de détails.
J'espère pouvoir à mon tour te rendre la pareille, t'apporter de l'aide par le biais d'un conseil ou d'un service. N'hésite pas si besoin.

Je t'embrasse,
Luce

1. Écoutez et lisez la lettre ci-dessus. Quelle est l'intention de l'auteur ? Quel est le ton de la lettre ci-dessus ? Formel ou amical ?

2. Les phrases de deux lettres ont été mélangées. Remettez les phrases dans le bon ordre afin de reconstituer les deux lettres.

a. Afin de vous présenter les nouveaux services que nous proposons,
b. J'espère que tu seras libre et que tu viendras.
c. Madame,
d. C'est au restaurant « Le petit verre » à partir de 19h30.
e. Luc.
f. nous sommes heureux de vous inviter à notre grande soirée,
g. Nous espérons vivement vous compter parmi nous.
h. Bises,
i. Samedi, j'organise une soirée pour fêter l'anniversaire de Louise.
j. Recevez, Madame, mes cordiales salutations.
k. qui aura lieu au Palais des Congrès le vendredi 13 mai à partir de 20 heures.
l. Laure,
m. Il y a bien longtemps qu'on ne s'est pas vus...
n. Jean-Paul Renaud.
o. Tu me rappelles pour me donner ta réponse ?

3. Retrouver l'équivalent de chaque expression courante dans la langue formelle.

a. Bien amicalement

b. J'espère que vous comprendrez mon problème. Au revoir, Monsieur.

c. Vous pouvez venir retirer votre carte dans notre agence.

d. Merci beaucoup pour cette super soirée !

e. Bravo ! Je suis contente pour toi.

1) J'ai l'honneur de vous informer que votre nouvelle carte bancaire est disponible à notre agence.

2) Permettez-moi d'exprimer ici tout le plaisir que j'ai eu de passer cette excellente soirée en votre compagnie.

3) J'ai été très heureux de votre réussite et vous félicite chaleureusement.

4) Comptant sur votre compréhension, je vous prie d'agréer, Monsieur, l'expression de mes salutations distinguées.

5) Veuillez recevoir, cher ami, l'assurance de ma cordiale sympathie.

4. Ce n'est pas un ami qui vous a aidé à déménager mais un voisin que vous ne connaissiez que de vue (mais à qui vous n'aviez jamais parlé) et qui a eu la bonté de vous rendre ce service. Réécrivez la lettre de remerciement ci-dessus en fonction.

5. Écrivez une lettre de remerciement à la personne qui a rapporté votre portefeuille (ou votre sac à main) au commissariat de police de votre quartier. Choisissez le ton et donc les formules appropriées à la situation.

PERFECTIONNEMENT À L'ORAL ET À L'ÉCRIT
프랑스어 스피치와 에세이

4ème partie

Exercices académiques

제4부

고급 연습문제

OBJECTIFS

Cette dernière partie propose à l'apprenant de s'adonner à des exercices plus académiques que sont la présentation (orale et écrite) ou le compte-rendu, le résumé et la dissertation. Elle intéressera ceux qui ont l'intention de poursuivre leurs études en France et/ou de passer des examens de langue française comme le DELF/DALF ou le FLEX. Pour finir, huit dossiers de synthèse proposeront de réemployer toutes les compétences, tous les savoir-faire acquis dans les dossiers précédents.

목 적

본 교재의 마지막 부분인 4부는 학습자들로 하여금 소개(말을 통해서건 글쓰기를 통해서건)나 보고, 요약, 논술과 같은 보다 고차원적인 연습문제들에 전념할 수 있는 기회를 제공할 것이다. 특히 프랑스 유학을 고려하고 있거나 DELF/DALF, FLEX 와 같은 프랑스어 시험을 준비 중인 학습자들에게 많은 도움이 될 것이다. 4부의 마지막 부분에서는 앞서 습득한 지식과 노하우를 활용할 수 있도록 도와주는 8개의 종합해야 할 텍스트들이 주어질 것이다.

4ème partie Exercices académiques

Chapitre 1.

Présenter

1. Présenter un livre
2. Présenter un film
3. Présenter un personnage historique

1. 책 소개하기
2. 영화 소개하기
3. 역사적 인물 소개하기

CHAPITRE 1. Présenter 책 소개하기

Dossier 1. Présenter un livre

Boussole, Mathias Enard*

Boussole est le dixième livre de Mathias Enard, écrivain et traducteur spécialiste du Moyen-Orient, sorti en 2015 en France aux éditions Actes Sud. Il a obtenu le prix Goncourt 2015.

Boussole est un roman qui brasse les lieux, les époques, les personnages et les langues, au fil d'une nuit d'insomnie, celle qui frappe son narrateur, Franz Ritter, un musicologue viennois. Entre 23 heures et 7 heures, il ressasse ainsi sa vie et ses obsessions. Elles le font remonter jusqu'au XIXe siècle, pour ranimer de hautes figures de l'orientalisme – Franz est en effet l'un de leurs héritiers, spécialiste des influences venues de Turquie, et de bien au-delà, sur la musique dite « occidentale ». Dans leurs pas, et avançant de références savantes en souvenirs de voyages et réminiscences de colloques (qui offrent parfois des tableaux très drôles du monde universitaire), il entraîne le lecteur à Istanbul, Téhéran, Damas, Alep… En plus de l'Orient (même si Enard n'oublie jamais ce que cette notion a de fictionnel), *Boussole* a un deuxième pôle, aussi rêvé et insaisissable que le premier : Sarah, la femme à laquelle tout ramène Franz, à la fois érudite et aventurière, éternellement ailleurs.

Roman de l'altérité, sensuel et savant, gonflé de références, même si l'auteur a l'humour et l'intelligence de moquer gentiment la pédanterie de Franz, *Boussole* est un très beau livre qui prend le risque d'égarer parfois son lecteur, avec les volutes que dessinent les phrases, à mesure que le narrateur pense, dérive, somnole, lit, revient à lui… C'est un texte, aussi, profondément habité par la mélancolie, parce que les idéaux des personnages sont tous violemment balayés par les échos de l'actualité immédiate qui s'y font entendre – guerre en Syrie, destruction de Palmyre… Il est, du reste, dédié « aux Syriens ».

Venant tordre une bonne fois pour toutes le cou aux idées reçues sur une littérature française censément autocentrée, chaque page de ce Goncourt 2015 vient sortir le lecteur de lui-même, le confronter à une infinité de sujets et de personnages dont il ignorait tout, pour les lui rendre proches.

* D'après un article du *Monde* de Raphaëlle Leyris paru le 3/11/15.

1. Écoutez et lisez le texte ci-dessus. De quoi s'agit-il ?

2. Relisez à présent les quatre paragraphes et répondez aux questions suivantes.

a. Quelle est la fonction du premier paragraphe ?
b. Que fait l'auteur de l'article dans le second paragraphe ?
c. D'après le second paragraphe, quels peuvent être les deux principaux thèmes de ce livre ?
d. Que fait l'auteur de l'article dans le troisième paragraphe ?
e. À quoi sert le dernier paragraphe ?

3. Lisez à présent cette petite présentation de Mathias Enard et répondez aux questions.

Mathias Enard est né à Niort en 1972. Diplômé de persan et d'arabe à l'INALCO, il a beaucoup voyagé au Liban, en Syrie et en Turquie, notamment. Toute son œuvre porte la trace de sa passion pour cette partie du monde. Entré en littérature en 2003 avec *La Perfection du tir* (Actes Sud), où l'on se tenait au plus près d'un sniper, dans un pays ressemblant furieusement au Liban, il s'est imposé comme l'un des grands auteurs de sa génération grâce à son quatrième roman, *Zone* (Actes Sud, 2008), tour de force sans point, embrassant l'histoire du XXe siècle sur le bassin méditerranéen, récompensé par, entre autres, le prix Décembre et le prix du livre Inter. En 2010, *Parle-leur de batailles, de rois et d'éléphants* lui avait valu le prix Goncourt des lycéens. Deux ans plus tard, *Rue des voleurs* avait été distingué par le prix Liste Goncourt/Le Choix de l'Orient, autre surgeon du célèbre prix. Avec son nouveau livre, *Boussole* (Actes Sud, 2015), il obtient donc finalement le prix Goncourt 2015.

a. Relevez les éléments biographiques concernant cet auteur.

b. Relevez les quatre verbes ou expressions utilisés dans cet extrait pour exprimer l'obtention d'un prix littéraire.

Remarques 주의할 점

- De manière générale, faire le compte-rendu d'un livre à l'oral ou à l'écrit revient à en résumer l'histoire. Cependant, le résumé de l'histoire doit être accompagné au minimum d'une courte présentation de l'auteur ainsi que de votre opinion sur le livre. Concernant les romans, il est bien d'en préciser le sous-genre : historique, d'amour, romantique, fantastique, d'aventure, d'anticipation, de science-fiction, roman policier (ou noir), autobiographique, etc.

  일반적인 경우 말로나 글로 책을 소개하는 것은 그 스토리를 요약하는 것을 의미한다. 다만, 스토리 요약에 더해 간단한 저자 소개와 책에 대한 개인적인 의견이 첨가된다면 금상첨화일 것이다. 소설의 경우, 장르를 정확하게 이야기해 주는 것이 좋다. 역사소설, 연애소설, 낭만소설, 환상소설, 모험소설, 공상과학소설, SF 소설, 추리소설(느와르소설), 자전적소설 등이 그 예이다.

- Écrire à propos d'un livre nécessite quelques règles simples :

  한 권의 책에 대해 글을 쓸 때는 다음과 같은 몇 가지 간단한 규칙을 따를 필요가 있다 :

  - rappeler en quelques lignes de quoi il s'agit : après avoir mentionné son titre, on parlera brièvement de l'auteur, on précisera sa date de parution, son genre, l'accueil du public et/ou de la critique.

    어떤 책인지를 몇 줄로 밝혀준다 : 먼저 책의 제목을 언급한 후, 간략한 작가 소개와 출판일, 장르, 대중과 비평가들의 평가 등을 밝혀줄 필요가 있다.

  - évoquer éventuellement l'époque à laquelle se déroule l'intrigue (pour un roman) ainsi que les lieux.

    경우에 따라서는 (특히 소설의 경우) 줄거리가 진행되는 시대와 장소 등에 대해 언급할 필요가 있다.

  - faire une courte description des principaux personnages.

    주요 인물들에 대해 간략히 묘사한다.

  - résumer l'histoire en se concentrant sur les faits principaux et/ou les thèmes essentiels.

    주요 사건들이나 중심 테마에 집중하여 내용을 요약한다.

  - pour finir, donner ses impressions, son ressenti : expliquer pourquoi on a aimé ou pas ce livre.

    마지막으로 책에 대한 개인적인 감상과 느낌을 이야기한다 : 이 책을 좋아하는 혹은 좋아하지 않는 이유를 설명한다.

4. À partir des informations ci-dessous, rédigez une petite présentation de l'auteur Michel Houellebecq et des prix et distinctions qu'ont reçus ses ouvrages.

Pseudonyme : Michel Houellebecq (vrai nom : Michel Thomas)

Date et lieu de naissance : 26 février 1956, la Réunion (France)

Livres :

Extention du domaine de la lutte (1994, éditions Maurice Nadeau) / livre culte

Les particules élémentaires (1998, Flammarion). Prix Novembre

La possibilité d'une île (2005, Fayard). Prix Interallié

La carte et le territoire (2010, Flammarion). Prix Goncourt

5. Faites la présentation d'un livre que vous avez aimé en trois parties : dans la première partie, faites une petite introduction présentant le livre de manière générale (titre, auteur, date de parution, succès rencontré, etc.) ; dans la deuxième partie, résumez-en l'histoire (personnages principaux, lieux, époque, intrigue, etc.) ; enfin, dans la dernière partie et en guise de conclusion, essayez de rattacher ce livre à un genre et à un thème général auquel il fait référence et donnez votre opinion sur le livre. Écrivez au moins 15 lignes.

6. Rédigez une petite présentation biographique de l'auteur de ce livre. Écrivez au moins 6 lignes.

Dossier 2. Présenter un film

Indigènes, Rachid Bouchared

Présentation générale introductive :

Indigènes est un film de guerre historique réalisé par Rachid Bouchared et sorti en salles en 2006. Les personnages principaux sont interprétés par Sami Bouajila (Abdelkader), Roschdy Zem (Messaoud), Sami Naceri (Yassir), Jamel Debbouze (Saïd) et Bernard Blancan (Martinez). Ils ont remporté ensemble le Prix collectif d'Interprétation masculine à Cannes en 2006 et le film a reçu un bon accueil, aussi bien de la part du public que de la critique professionnelle.

Court résumé :

Ce film raconte l'histoire d'Africains, venant principalement du Cameroun, du Sénégal, d'Algérie ou encore du Maroc et communément appelés « les indigènes », enrôlés dans l'armée française pendant la Seconde Guerre mondiale et qui se battront contre l'Allemagne nazie afin de libérer la « mère-patrie », la France. Ces soldats considérés « sans valeur » (mais dont on reconnaîtra la bravoure) seront régulièrement envoyés en première ligne dans les affrontements pour servir de « chair à canon ».

Un avis :

Bien que l'histoire prenne place pendant la Seconde Guerre mondiale, ce film s'inscrit en total décalage avec ces superproductions américaines qui nous feraient presque aimer la guerre. L'objectif affiché ici est plutôt de dénoncer les discriminations et le racisme dont ont été victimes ces soldats de la part de l'armée française. Et il y arrive plutôt bien. C'est un film plein d'humanité, essentiel, une œuvre nécessaire qui nous donne à réfléchir. De plus, au-delà de son message fort, ce film possède de réelles qualités artistiques : les décors et les costumes sont fidèles, la réalisation fait passer aussi bien l'horreur des scènes de bataille que la douleur muette des regards échangés, quant à l'interprétation, les personnages sont bien dessinés, authentiques et leur prix obtenu à Cannes est une récompense totalement justifiée.

Un autre avis :

Certes, le scandale révélé au grand jour méritait bien un film et on adhère au propos moral développé par *Indigènes*. Malheureusement, à trop vouloir en montrer et démontrer, le piège du cliché finit par s'imposer. On retiendra par exemple cette image de l'officier à l'abri qui regarde avec des jumelles ses troupes se faire décimer, mais quelle armée met ses généraux en première ligne? Et ce que l'armée française fit avec ses indigènes en 39-45, elle l'avait déjà fait avec sa paysannerie en 14-18 et son prolétariat de tous temps. La guerre c'est mal et les plus faibles n'en sortent jamais gagnants. Vous en doutiez encore? Bref, prévisible. Par ailleurs, pris au premier degré et considéré comme un simple film de guerre, *Indigènes* n'arrive pas au genou des superproductions anglo-saxonnes : les scènes d'action par exemple manquent cruellement d'ampleur. Côté histoire et scénario, le film s'essouffle dans l'absence d'enchaînements entre chaque scène-clé et on a parfois l'impression d'assister à une succession de scénettes sans réelle trame narrative. Restent alors quelques moments de bravoure incontestables qui nous font vibrer grâce au jeu, reconnaissons-le, très juste et émouvant des acteurs.

1. Écoutez et lisez le texte ci-dessus. De quoi s'agit-il ?

2. Relisez le premier paragraphe. Quels éléments sont mentionnés ?

3. Relisez le second paragraphe. De quoi est-il question ?

4. Relisez les deux avis.

a. Lequel est élogieux ?

b. Lequel est critique ?

c. Dans le deuxième avis, l'auteur fait une concession. Quelle est-elle ?

Quelques conseils : 몇 가지 조언들

- De manière générale, parler d'un film revient à en résumer l'histoire. On s'attache alors au récit et à sa construction. Celle-ci peut être linéaire ou bien faite de retours en arrière (*flashbacks*) ou d'ellipses. En plus de l'histoire et du jeu des acteurs et actrices, il existe aussi d'autres aspects pour parler d'un film :

  일반적으로, 어떤 영화에 대해 이야기하는 것은 그 스토리를 요약하는 것을 의미한다. 이 경우 주로 이야기와 구조에 대해 언급하게 되는데, 영화의 구조에는 선적인 구조, 뒤로 돌아가기(플래시백), 혹은 타원형 구조 등이 있다. 스토리와 남녀배우들의 연기 외에 영화에 대해 이야기할 수 있는 다양한 요소들이 있으며 그 예는 다음과 같다 :

  - Les décors, les éclairages et les costumes 배경, 조명, 의상
  - Les dialogues et la qualité du son 대사와 음향의 질
  - Les mouvements de caméra, les angles de prise de vues 카메라 무빙, 촬영 앵글
  - La qualité des dessins et des couleurs s'il s'agit d'un film d'animation 애니메이션의 경우 그림과 색의 질
  - De plus, comme en littérature, il existe différents genres : *film humoristique, film historique, film romantique (ou histoire d'amour), film fantastique, film d'action, film de guerre, film de science-fiction, film policier (ou film noir), film d'animation, film pour adulte...*

    문학과 마찬가지로 영화에도 다양한 장르가 존재한다 : *코미디 영화, 역사 영화, 로맨틱 영화(혹은 사랑 이야기), 괴기 영화, 액션 영화, 전쟁 영화, SF 영화, 탐정 영화(혹은 느와르 영화), 애니메이션 영화, 성인 영화…*

- Écrire à propos d'un film que vous avez aimé ou qui vous a marqué nécessite quelques règles simples :

당신이 좋아하거나 당신에게 깊은 인상을 남긴 영화에 대해 글을 쓰기 위해서는 다음과 같은 몇 가지 간단한 규칙을 따를 필요가 있다 :

1) Si le lecteur ne connait pas le film ou ne l'a pas encore vu, il est nécessaire de rappeler en quelques lignes de quoi il s'agit. Après avoir rappelé son titre, on écrira le nom du réalisateur, nommera les acteurs principaux, précisera de quand il date, à quel genre il appartient, quel fut l'accueil du public et/ou de la critique.

   독자가 영화를 알지 못하거나 보지 않았을 경우, 어떤 영화인지에 대해 간략하게 정보를 제공할 필요가 있다. 영화의 제목과 함께 감독의 이름, 주연 배우들의 이름, 영화의 출시일, 장르, 대중들과 평론가로부터 어떤 평가가 있었는지 등에 대해 밝혀주면 좋을 것이다.

2) Ensuite, on évoquera l'époque à laquelle se déroule l'action ainsi que les lieux.

   둘째로, 영화의 내용이 전개되는 시대와 배경 장소에 대해 밝혀준다.

3) Puis, on fera une courte description des principaux personnages et parlera éventuellement ici du jeu des acteurs.

   다음으로, 주요 인물들에 대해 간략하게 묘사한다. 가능하면 이 때 배우들의 연기에 대해서도 언급하면 좋을 것이다.

4) De même, on résumera l'histoire en se concentrant sur les faits principaux et/ou les thèmes essentiels.

   주요 사건들이나 중심 테마들을 중심으로 내용을 요약한다.

5) Pour finir, on livrera ses impressions en expliquant pourquoi on a aimé ou pas ce film, en racontant ce que l'on a ressenti.

마지막으로 이 영화를 좋아하는 혹은 좋아하지 않는 이유와, 영화를 보고 느낀 점을 중심으로 개인적인 감상평을 전달한다.

Remarques 주의할 점

Les parties 2, 3 et 4 peuvent s'écrire dans un ordre différent mais, à moins de bien maîtriser la langue française, il est plus simple de consacrer un paragraphe à chacun de ces points en complexifiant progressivement le discours.

앞서 나열한 감상평 포인트 중 2, 3, 4번은 서로 다른 순서로 기술되어도 무방하다. 단, 프랑스어를 매우 능숙하게 사용하는 경우가 아니라면, 각 포인트마다 하나의 단락을 할애하여 담론을 점차적으로 심화시켜 나가는 방식이 보다 나을 것이다.

Quelques expressions utiles : 유용한 표현들

- Partie 1. *Le film est sorti en… ; Il a été réalisé par… ; Les acteurs /actrices/interprètes principaux sont… ; Il a reçu un accueil enthousiaste/excellent/très chaleureux de la part du grand public/de la critique ; c'est un film culte (pour)…*

  1번과 관련하여. *이 영화는 ... (시기) 에 개봉되었다 ; 이 영화의 감독은 ... 였다 ; 주연 남우/여우/연기자들은 ... 이다 ; 이 영화는 많은 대중들로부터/평론가들로부터 열광적인/훌륭한/열띤 반응을 이끌어냈다 ; 이 영화는 ... 컬트 영화이다...*

- Partie 2. *L'histoire se passe en… à…*

  2번과 관련하여. *영화의 스토리는 ...(시대)에 ...(공간)에서 일어나는 일이다.*

- Partie 3. *Lui, c'est un écrivain plutôt réservé… Elle, c'est une vieille femme très vivante mais capricieuse…*

  3번과 관련하여. *남자 주인공은 비교적 신중한 작가이다... 여자 주인공은 매우 활력이 넘치지만 변덕스러운 늙은 여성이다...*

- Partie 5. *Ce film est très amusant ; J'ai beaucoup ri ; Ce film marie bien l'humour et la nostalgie ; Il y a beaucoup de suspense / un suspense formidable ; Il y a beaucoup d'émotion ; C'est un film bouleversant / J'ai bien aimé la manière de filmer / de tourner du réalisateur ; la photographie, la musique ; les dialogues sont amusants / brillants / humoristiques / sarcastiques…*

La scène que j'ai préféré(e) / qui m'a le plus marqué(e), c'est celle de / est celle où...

Je pense que ; Je trouve que ; Il me semble que...

5번과 관련하여. *이 영화는 매우 재미있다 ; 엄청 웃기다 ; 유머와 우수가 적절히 섞여있는 영화이다 ; 긴박감이 넘치는 영화이다 / 어마어마한 긴박감 ; 감동이 넘치는 영화이다 ; 깜짝 놀랄만한 영화이다 / 이 영화의 촬영 방식 / 연출 방식이 매우 마음에 든다 ; 사진, 음악 ; 대사들이 재미있다 / 재치가 넘친다 / 유머러스하다 / 풍자적이다...*

제일 마음에 들었던 / 가장 인상적이었던 장면은 ... 장면 /... 한 장면이다...

내 생각에는 ; 내 판단으로는 ; 내가 보기에는...

- Avis négatif : *ce film a/ présente peu d'intérêt ; C'est un navet ; Il est mal interprété ; Les acteurs jouent très mal / sont mal dirigés ; Le scénario est mal construit / incohérent ; Les effets spéciaux sont de mauvaise qualité ; C'est ennuyeux / on s'ennuie beaucoup...*

  부정적 의견 : *이 영화는 아무 재미가 없다 / 흥미거리를 보여주지 못한다 ; 졸작이다 ; 해석이 잘못되었다 ; 배우들의 연기가 형편없다 / 연기 디렉팅이 제대로 이루어지지 못했다 ; 시나리오의 구성이 형편없다 / 일관적이지 못하다 ; 특수효과의 질이 떨어진다 ; 지긋지긋하다 / 엄청 지루한 영화다.*

5. Après avoir visionné le film *Indigènes*, rédigez votre propre avis dans lequel vous mentionnerez la mise en scène, le jeu des acteurs, ainsi que vos impressions et/ou votre jugement personnels sur le film. Écrivez au moins 8 lignes.

6. Choisissez un film que vous avez aimé. Expliquez de manière construite pourquoi vous avez aimé ce film en vous efforçant de parler de la mise en scène, du scénario, du jeu des acteurs, etc. Ce travail peut-être fait oralement ou à l'écrit (à l'écrit, écrivez au moins 6 lignes).

7. Choisissez à présent un film que vous n'avez pas aimé. De la même manière que dans l'activité précédente, expliquez oralement ou par écrit pourquoi vous n'avez pas aimé ce film (à l'écrit, écrivez au moins 6 lignes).

8. Faites à présent une présentation complète du film de votre choix (ou d'un film choisi par votre enseignant). Parlez-en pendant au moins 3 minutes sinon écrivez environ 20 lignes.

Dossier 3. Présenter un personnage historique

Jean Victor Marie Moreau

L'homme est peu connu du grand public et, finalement, rarement mentionné dans les livres d'histoire. Pourtant, lors de la période napoléonienne, son rôle fut déterminant. Grand, bel homme, à l'élégance naturelle, Jean Victor Marie Moreau, né le 14 février 1763 à Morlaix, fut non seulement un grand militaire mais aussi le rival de Napoléon Bonaparte. Ce dernier semblait en être jaloux de la même manière que Moreau semblait ne pas porter le futur empereur en grande estime surtout lorsque le jeune Bonaparte se transforma progressivement en tyran. La victoire éclatante de Moreau contre les Autrichiens, fin 1800, ainsi que la signature de la paix de Lunéville en 1801, l'auréola de gloire. Quelques années plus tard, républicain convaincu, il est soupçonné d'avoir comploté contre Napoléon et est contraint à l'exil aux États-Unis où il vivra huit ans. Finalement, il décide de rentrer en Europe après la défaite de la Grande Armée en Russie afin de reconstituer, aux côtés du Tsar Alexandre Ier, une armée constituée des prisonniers français et de débarquer en France pour renverser celui que l'on surnommait alors « l'Ogre ». Son projet ne recevra pas les soutiens espérés. Il meurt en 1813 des suites d'une blessure à la bataille de Dresde et sera inhumé à Saint-Pétersbourg.

1. Écoutez et lisez la présentation ci-dessus puis répondez aux questions suivantes.

a. Qui était Jean Victor Marie Moreau ?

b. De qui était-il le rival ?

c. Pourquoi a-t-il été contraint à l'exil ?

d. Qui est « l'Ogre » ?

e. Comment est-il mort ?

Quelques conseils : 몇 가지 조언들

- En premier lieu, pour faire le portrait d'un personnage historique il est nécessaire de se documenter afin de mieux connaitre sa biographie et son rôle exact dans l'histoire.

  역사적 인물에 대해 묘사하기 위해서는 우선적으로 그의 전기적 요소와 역사 속에서의 정확한 역할에 대한 자료를 참조할 필요가 있다.

- En ce qui concerne la biographie, il s'agit au minimum de rappeler sa date et son lieu de naissance. On peut évoquer aussi son entourage familial, son milieu social, les grandes étapes de sa jeunesse ainsi que sa formation. On évoquera pour finir le lieu et la date de sa mort ainsi que les circonstances de sa disparition.

  전기적 요소와 관련해서는 최소한 그가 태어난 날짜와 장소를 밝혀줄 필요가 있다. 여기에 더해 가정환경, 사회적 환경, 젊은 시절의 주요 성장 과정이나 교육 과정 등에 대해 언급해 주면 더욱 좋을 것이다. 마지막으로, 그가 사망한 곳과 날짜, 그리고 사망 원인 등에 대해 밝혀줄 필요가 있다.

- Quant à son rôle dans l'histoire, il s'agit de relier ce personnage au contexte de l'époque et de mettre en évidence ce personnage et sa contribution spécifique. Quel(s) changement(s) apporte-t-il ? Quel(le)s sont les aides dont il ou elle bénéficie, les difficultés rencontrées, les échecs et/ou les réussites successifs qu'il/elle a rencontrés. Cela permet aussi de souligner les grands traits de sa personnalité.

  역사 속에서의 역할과 관련해서는 시대적 배경과의 연관 속에서 그 인물이 특별하게 공헌한 점을 분명하게 드러내준다. 그가 어떤 변화를 가져왔는지. 어떤 도움을 받았고, 어떤 어려움에 봉착했었는지, 어떤 실패와 성공을 겪었는지 등을 밝혀주면 좋을 것이다. 이러한 작업은 그의 인간적 면모의 주요한 특징들을 강조하는 데도 도움이 될 것이다.

Élements essentiels à la présentation ou au résumé : 소개 혹은 요약의 핵심 요소들

- Une brève biographie du personnage

  인물의 간략한 전기

- Sa personnalité

  인물됨

- Le contexte socio-historique dans lequel il a évolué

  그가 살았던 사회-역사적 배경

- Son rôle dans l'histoire

  역사 속에서의 그의 역할

Quelques expressions utiles : 몇 가지 유용한 표현들

- *Né(e) dans un milieu aisé유복한 환경에서 태어난 ; modeste조촐한 ; très pauvre매우 가난한 ; artistique예술가적인 ; savant학구적인 ; militaire군대식의…*

- *Doué(e) d'une intelligence특별한 지성을 갖춘 ; santé건강 ; personnalité인격…* + adjectifs형용사

- *Il/Elle a dû subir그/그녀는 겪어야 했다 ; convaincre설득하다 ; s'affirmer auprès de ~곁에서 자신의 존재를 뚜렷이 나타내다 ; se révolter contre ~에 맞서 대항하다 ; se résoudre à ~하기로 결심하다…*

- *C'est à force de~의 힘으로 ; c'est grâce à~덕분에 ; c'est à cause de~로 인하여 ; c'est parce qu'il ou elle그 혹은 그녀가 ~하기 때문에…*

- *Il/Elle est parvenu(e) à그/그녀는 ~하기에 이르렀다 ; a réussi à~하는 데 성공했다 ; s'est obligé(e) à~할 것을 약속했다 ; a renoncé à~을 단념했다 ; s'est efforcé(e) de~하기 위해 애썼다 ; s'est battu(e) pour~을 위해 투쟁했다…*

- *Contre toute attente기대와는 정반대로 ; bien qu'il ou elle 그/그녀가 ~했음에도 불구하고 ; force est de constater que~을 인정할 수밖에 없다 ; l'histoire retiendra que역사는 ~을 잊지 않을 것이다…*

- *Il/Elle est mort(e) dans des conditions* + adjectifs*그/그녀는 ~한 상황에서 죽었다 ; au sommet de sa gloire영예의 정점에서 ; oublié(e)잊혀진 ; enfin reconnu(e)마침내 인정받은…*

- *Après + infinitif passé~한 이후 ; avant de + infinitif~하기 전…*

2. À partir des éléments ci-dessous, faites la biographie de Napoléon Bonaparte. Écrivez au moins 15 lignes.

- **Date et lieu de naissance :** Ajaccio le 15 août 1769
- **Date et lieu de décès :** Sainte-Hélène le 5 mai 1821
- **Famille :** enfant de Charles Bonaparte, avocat au Conseil supérieur de l'île et de Letitia Ramolino, il a 4 frères et 3 sœurs / noblesse corse
- **Jeunesse :** enfant « sombre et pensif » (Abbé Chardon). Mai 1779 – octobre 1784 : école militaire de Brienne
- **Quelques dates importantes :**

Décembre 1793 : capitaine commandant l'artillerie au siège de Toulon. Nommé général de brigade

Octobre 1795 : réprime l'insurrection royaliste parisienne de vendémiaire an III

9 mars 1796 : épouse Joséphine de Beauharnais

1796 - 1797 : nombreuses victoires pendant la campagne d'Italie

Été 1798 - Été 1799 : désastreuse campagne d'Egypte

9 novembre 1799 : nommé Premier Consul de la République française après le *coup d'État du 18 brumaire an VIII*

2 août 1802 : nommé Consul à vie

18 mai 1804 : nommé Empereur des Français

2 décembre 1804 : sacré *Empereur* par le pape Pie VII

Mai 1805 : roi d'Italie

2 avril 1810 : épouse Marie-Louise de Habsbourg-Lorraine, fille de l'empereur d'Autriche

20 mars 1811 : naissance de son fils le roi de Rome, héritier du trône (Napoléon II)

4 avril 1814 : première abdication après avoir été battu en Russie, Allemagne, Espagne et France. Exilé à l'île d'Elbe

1er mars 1815 : Fuite de l'île d'Elbe, débarquement en Provence et début des Cent Jours

22 juin 1815 : seconde abdication après le désastre de la *bataille de Waterloo* (18 juin 1815). Exil à Sainte-Hélène

3. Choisissez une personne célèbre (vivante ou décédée) et faites-en la biographie. Écrivez au moins 15 lignes. Cette biographie pourra faire l'objet d'un petit exposé oral.

Chapitre 2.

Résumé et dissertation

CHAPITRE 2

Résumé et dissertation
요약과 논술

Dossier 4. Dossier préliminaire – Les règles d'or d'un bon résumé

Remarques 주의할 점

L'objectif central du résumé est de transmettre le contenu essentiel, épuré, d'un texte donné. En règle générale, un texte résumé doit faire le quart de la longueur du texte d'origine. Pour ce faire, il est important de :

요약의 주요 목적은 주어진 텍스트의 순전하고 본질적인 내용을 전달하는 데 있다. 일반적으로, 요약 텍스트는 원텍스트의 4분의1 정도의 분량으로 이루어진다. 요약 텍스트를 만들기 위해 중요한 것은 :

- refléter ses grandes articulations argumentatives et d'en extraire les idées centrales en les reformulant = en les paraphrasant de manière objective.

  원텍스트의 논증이 어떤 식으로 구성되어 있는지 그 큰 줄기들을 보여주고, 그것들을 다른 방식으로 명확히 드러냄으로써, 다시말해 객관적인 방식으로 설명함으로써 그 텍스트의 중심적인 사유를 도출해내는 것이다.

- ne pas recopier des phrases entières du texte : cela s'appelle du plagiat ! Vous pouvez toutefois reprendre des mots ou des concepts utilisés dans le texte original.

원텍스트의 문장들을 전체적으로 모방해서는 안 된다. 그것은 표절에 해당한다 ! 하지만 원텍스트에서 사용된 단어들이나 개념들은 차용할 수 있다.

- ne pas rajouter d'informations qui n'existent pas dans le texte.

원텍스트에 포함되어 있지 않은 정보를 추가하지 않는다.

- de la même manière, ne pas faire d'interprétations personnelles.

개인적인 해석 또한 삼가한다.

- ne pas donner de détails. Il est cependant possible de citer des données (chiffres, pourcentages, dates, etc.) dans la mesure où elles reflètent les idées majeures du texte.

세부적인 사항들은 열거하지 않는다. 단, 텍스트의 중심 사유를 보여주기 위해 필요하다고 여겨지는 자료들(수치, 퍼센티지, 날짜 등)의 인용은 가능하다.

- ne pas rapporter les opinions subjectives « satellites » (et donc accessoires) de l'auteur.

저자의 « 위성적인 »(부가적인) 주관적 견해는 전달하지 않는다.

- ne pas oublier les articulateurs logiques (même, en revanche, par contre, de plus, cependant, etc.).

  논리적 분절들(심지어, 반면에, 그와 반대로, 거기에 더해, 다만, 등)을 놓치지 않는다.

- vérifier au maximum la grammaticalité de votre production écrite en vous relisant plusieurs fois.

  요약한 내용을 수차례 반복적으로 읽으면서 요약 텍스트의 문법성을 최대한으로 검증한다.

- éviter toute répétition ou redondance.

  반복이나 중복을 최대한 피한다.

Quelques conseils pour vous aider à préparer un bon résumé : 훌륭한 요약을 준비하기 위한 몇 가지 조언들

- Lisez le texte une première fois en vous posant 3 questions :

  원텍스트를 처음 읽을 때 다음과 같은 세 가지 질문을 제기해 보기 :

  ➢ De quoi parle ce texte ?
  이 텍스트가 말하고자 하는 바는 무엇인가 ?

  Cela revient à identifier le sujet.
  텍스트의 주제를 식별하기 위한 질문.

  ➢ Quelle est l'intention de l'auteur ? Cherche-t-il à informer, expliquer, convaincre ?

  저자가 의도하는 바는 무엇인가 ? 정보를 제공하는 것인가, 설명하는 것인가, 설득하는 것인가 ?

Cela renseigne sur le type de texte.

텍스트의 유형을 식별하기 위한 질문.

➢ Quel(s) avis expose-t-il ou réfute-t-il ?

저자는 어떤 의견을 제시하고 있고 어떤 의견을 반박하고 있는가 ?

Cela informe plus précisément sur les idées développées dans le texte.

텍스트 내에서 전개되는 사유들에 대해 보다 정확히 알기 위한 질문.

• Lisez le texte une seconde fois en :

다음과 같은 점에 유의하면서 텍스트를 다시 한 번 읽기 :

➢ soulignant les mots-clés, les idées ou les phrases importantes et en barrant les phrases ou les parties qui ne sont pas essentielles à la compréhension du message.

핵심어들, 중요한 개념이나 문장들을 체크해 두고, 동시에 메시지의 이해를 위해 꼭 필요하지 않다고 여겨지는 문장이나 부분들을 지워 버리기.

Cela entraîne à distinguer ce qui est essentiel de ce qui est accessoire.

핵심적인 것과 부수적인 것을 구분할 수 있다.

➢ entourant tous les articulateurs logiques.

모든 논리적 조음부들에 표시해 두기.

Cela permet de bien voir la structure du texte.

텍스트의 구조를 보다 쉽게 살펴볼 수 있다.

1. Lisez les trois extraits ci-dessous. Soulignez les mots-clés et barrez les parties qui ne sont pas essentielles. Puis résumez-les en une phrase.

Extrait 1

Une secousse sismique a été ressentie lundi après-midi pendant près d'une minute à New Delhi, faisant trembler de nombreux bâtiments, selon des journalistes de l'AFP. Des centaines de personnes se sont précipitées dans les rues. Des secousses ont également ébranlé Islamabad et Kaboul mais pas le Népal, qui avait été frappé par un très fort séisme en avril 2015.

Phrase/résumé :

Extrait 2

Des détonations ont été entendues vers 2 h 30, dans la nuit de samedi à dimanche, rue Saint-Rome, en plein cœur de Toulouse. Quatre douilles ont été retrouvées. Il n'y a pas eu de blessé. Une enquête est ouverte par la police à la recherche de témoins visuels, potentiellement nombreux puisque cela s'est passé le weekend.

Phrase/résumé :

Extrait 3

Un funeste accident a eu lieu dans un centre de remise en forme à Henderson, dans le Nevada (États-Unis), rapporte *NBC*. Une jeune femme âgée de 24 ans est morte coincée dans une cabine de cryothérapie où elle s'était accidentellement enfermée. La gérante de l'institut a passé dix heures dans cet endroit où régnait une température de -115 degrés. Lorsque les employés ont réalisé qu'elle était bloquée dans la cabine, il était trop tard. Selon les premiers éléments de l'enquête, la gérante aurait négligé les procédures de sécurité habituelles.

Phrase/résumé :

2. Dans chacune des phrases suivantes, relevez le (ou les) articulateur(s) logique(s) et dites ce qu'il(s) exprime(nt).

a. On ne trouvera pas de solution à ce problème, à moins que l'une des parties fasse des concessions.

b. Tandis que les militants des deux partis se dirigeaient vers la place de la mairie pour en découdre, les CRS se positionnaient sur le terrain pour empêcher l'affrontement et les disperser.

c. Il a été arrêté pour tapage nocturne.

d. Prions pour que ça ne se reproduise plus. Elle s'est sentie trahie et humiliée au point qu'elle a demandé le divorce.

e. Malgré les protestations, la présidente n'a pas changé sa ligne de conduite et s'est même montrée plus déterminée. De ce fait, le peuple a dû se résigner à accepter son délire mégalomane.

3. Remplacez chacun des articulateurs logiques des phrases ci-dessus par un des articulateurs suivants :

Par conséquent ; de surcroît ; en raison de ; alors que ; en dépit de ; afin que ; à tel point que ; dans le but de (2x) ; sauf si.

4. Écrivez huit phrases en utilisant huit articulateurs logiques différents (voir le tableau des articulateurs logiques 4ème partie, dossier 10 p.311).

Dossier 5. Résumé 1 – En France, les femmes ne sont pas gâtées

En France, les femmes ne sont pas gâtées [1)]

Lorsqu'on étudie la situation des femmes dans la société française on ne peut qu'être surpris par une profonde aberration. On ***est*** d'abord ***frappé par*** les qualités qu'on leur reconnaît : actives, fécondes, elles jouissent d'une longévité record, d'une forme physique enviable, de moeurs sexuelles libérées que bon nombre de leurs congénères étrangères jalousent. Elles sont ***réputées pour*** être des modèles d'élégance et brillent également par une réussite dans le domaine culturel qui les distingue de leurs compatriotes masculins. De plus, leurs résultats scolaires sont meilleurs que ceux des hommes et leurs activités culturelles plus variées, surtout dans le domaine de la littérature et de l'art.

Pourtant ***quelque chose ne tourne pas rond*** au pays de Françoise Giroud et de Simone de Beauvoir. Les lois ont évolué depuis la reconnaissance de l'égalité dans la Constitution de 1946, en passant par la disparition de la tutelle maritale en 1965 et celle de la notion de chef de famille en 1970. Les lois oui, mais pas les faits. ***On déplore*** d'abord la sous-représentation des femmes dans certains métiers (notamment la politique) et plus généralement aux postes de direction et d'encadrement. Les femmes

---

1) Tiré de l'ouvrage *150 idées reçues sur la France*, Michel Musolino, First Éditions, 2009.

sont aussi ***plus exposées aux*** mutations du marché du travail. La moitié de la hausse de l'emploi feminin est due au développement du temps partiel depuis trente ans. Il concerne 82 % de femmes. Et il est plus souvent subi que choisi. Les femmes sont aussi plus exposées au travail précaire. Plus de 40 % de femmes travaillent en CDD.

Les familles ***monoparentales*** (17 % des ménages) plus exposées à la pauvreté, sont presque essentiellement composées de femmes. Dans les ZUS (zones urbaines sensibles) où les familles monoparentales sont plus nombreuses (30 %), le taux de chômage des femmes atteint 50 %. Les femmes sont à quasiment tous les âges plus pauvres que les hommes. C'est particulièrement vrai pour les femmes jeunes (18-29 ans) et âgées (plus de 75 ans). Elles sont logiquement plus nombreuses à toucher ***les minima sociaux.***

Si l'on ajoute à ce sombre tableau la violence conjugale et sexuelle et la « double » journée de travail (voire triple lorsqu'il s'agit de s'occuper des personnes âgées), on peut dire que la France est peut-être le pays des droits de l'homme, mais pas encore celui des droits de la femme.

1. Écoutez et lisez l'extrait ci-dessus. De quel type de texte s'agit-il ?

2. Enquête sémantico-lexicale. Informez-vous !

A. Qu'est-ce que les « minima sociaux »? Cherchez-en quelques exemples.

B. Il existe actuellement de nombreux modèles familiaux différents. Qu'entend-on par :

- Famille nucléaire
- Famille monoparentale
- Famille recomposée
- Famille homoparentale
- Famille polygame/monogame
- Famille d'adoption

C. Vérifiez le sens des expressions suivantes et réutilisez-les dans une phrase personnelle :

- être réputé pour…
- être frappé par quelque chose (par le fait que…)
- être exposé à quelque chose
- ne pas tourner rond

3. Travail sur la structure argumentative du texte. Essayez de dégager les principaux arguments du texte en répondant aux questions suivantes.

a. De quoi traite ce texte ?

b. Quelles sont les qualités attribuées aux femmes françaises en général? (l. 1 à 13)

c. Comment a évolué leur statut juridique ? Cette évolution est-elle reflétée dans la réalité sociale? (l. 14 à 19)

d. En quoi peut-on dire qu'elles souffrent d'inégalités dans le monde professionnel? (l. 19 à 28)

e. Qu'en est-il sur le plan familial pour un certain nombre d'entre elles ? (l. 29 à 37)

f. Que peut-on en conclure ?(l. 35 à 42)

4. Rédaction du résumé. Rédigez à présent votre résumé en reliant les réponses aux questions précédentes par des articulateurs logiques (10 lignes environ).

Dossier 6. Résumé 2 – La France est le pays du « bon vivre »

La France est le pays du « bon vivre » [1]

Douce France. Le magazine *International Living* établit chaque année un classement mondial de la qualité de la vie pour 194 pays. Régulièrement la France y occupe la première place (suivie de l'Australie, de la Suisse et de l'Allemagne pour le peloton de tête). Points forts évoqués : le tryptique liberté, égalité et santé. Et un point faible surprenant : la culture. Dans ce domaine, la France est curieusement très mal classée par les grandes agences de notation et par certains organes de presse comme le cabinet Mercer ou *The Economist* où Paris n'occupe que la 34ème place loin derrière les villes de l'Europe centrale, de l'Australie, du Canada, de la Californie ou de l'Extrême Orient en termes d'infrastructures et de manifestations culturelles notamment.

Il n'en reste pas moins que la France reste le symbole de la *douceur de vivre* : quels en sont les ingrédients ? La variété et la beauté des paysages, la douceur du climat, les gens, l'art de la conversation, la gastronomie bien sûr et le bon vin qui font régulièrement l'unanimité chez les sondés. En d'autres termes, on pourrait dire qu'il s'agit d'une double alchimie, celle entre les gens, l'histoire, et le cadre naturel ainsi que celle qui s'opère autour d'une bonne table au

---

1) D'après un texte tiré de *150 idées reçues sur la France*, Michel Musolino, First Éditions (2012) complété de données officielles du Ministère des Affaires sociales, de la Santé et des Droits des femmes, (www.sante.gouv.fr).

cours de ce repas *à la française* que l'UNESCO a classé au patrimoine immatériel de l'humanité.

Comme il fait bon vivre en France, l'espérance de vie est plus élevée qu'ailleurs : en moyenne plus de 81 ans, ceci grâce à ses habitudes alimentaires et à son système de soins, sans doute l'un des plus développés et démocratiques au monde.

Pourtant, pour un pays où il fait bon vivre, il existe des phénomènes surprenants et inquiétants : les Français sont en effet champions d'Europe dans le domaine de la consommation de drogues psychotropes et le taux de suicide est beaucoup plus élevé que la moyenne européenne [2] : la France surpasse tous ses pays voisins, y compris ceux plus durement touchés qu'elle par le marasme économique (la Grèce, l'Espagne ou l'Italie par exemple) même si elle demeure un pays moins suicidaire que le Japon ou la Corée actuellement. De plus, ce sont essentiellement les jeunes qui sont concernés (première cause de mortalité des 25-34 ans), ainsi que les personnes âgées [3] tandis que géographiquement on observe trois zones particulièrement touchées par ce phénomène : la Bretagne, le Centre et le Nord. Comment peut-on expliquer ce paradoxe ?

Il est clair que **la crise économique** est un facteur prédominant surtout quand il s'associe au fléau de l'alcoli**sme** traditionnellement plus répandu dans ces dernières régions qui connaissent de surcroît un problème accru d'insertion

---

2) L'indice de suicide y est de 16,8 pour 100 000 habitants pour une moyenne européenne de 10,2 pour 100 000.

3) Le taux de mortalité chez les personnes âgées atteint 28 % contre 16,2 pour la moyenne nationale.

des immigrés, mais cela n'explique pas tout.

Les jeunes sont particulièrement exposés au risque de suicide en raison de la **détérioration psycho-sociale** de la qualité de vie en milieu urbain : le **chômage** tout d'abord, outre qu'il favorise la paupérisation, ne facilite pas leur sociabilisation ce qui ne peut qu'induire une cohorte de maux psychologiques divers : ils sont sans doute d'autant plus susceptibles de présenter des troubles et des comportements psychologiques induits par des sentiments d'échec, d'impuissance et d'isolement que d'autres catégories sociales qu'ils se trouvent sans cesse confrontés au culte de la performance et du *jeunisme* [4] imposé par la société. À cela s'ajoute **la crise de la famille**, notamment l'éclatement de **la cellule familiale** (divorce, recomposition familiale, etc.) qui a ainsi perdu son rôle de rampart contre les adversités.

Le **travail** ensuite (quand ils ont la chance d'en avoir un !) semble **avoir perdu, lui-aussi, sa dimension sociabilisante et protectrice** : en dehors même de l'accroissement de la compétitivité et de l'individualisme, certaines catégories socio-professionnelles fondatrices de la société sont particulièrement à risque : notamment les secteurs de la santé, de l'éducation (qui connaît une crise sans précédent) et des transports et de la communication. Enfin il faudrait ajouter l'**ambiance sociale délétère** qui agit sans nul doute comme un facteur aggravant : ce n'est sans

---

4) Phénomène qui consiste à ériger la jeunesse et ses attributs comme des valeurs cardinales de la société. 젊음과 그 특성들을 사회의 중심적인 가치로 여기는 현상.

doute pas le pessim**isme**, la morosité et le *french bashing*[5)] ambiant qui pourraient leur insuffler l'espoir et le courage de surmonter ces adversités...
Si le suicide des jeunes s'explique relativement bien, il n'en va pas de même du suicide des personnes âgées qui est un peu plus complexe à appréhender notamment en zone urbaine où il est loin de ne concerner que les classes sociales défavorisées. En effet, si la solitude et les difficultés économiques restent des facteurs-clé dans le monde rural, dans les classes aisées urbaines, il semblerait se dessiner comme **l'expression de crises personnelles d'ordre plus philosophiques** (comme un effet secondaire du jeunisme ?) en tant que refus de la souffrance et de la décrépitude en **relation étroite avec la notion de dignité humaine**, en témoigne l'adhésion grandissante des Français pour l'euthanasie ou du moins le suicide médicalement assisté.
On le voit donc : pas sûr que l'indice du bonheur – si tant est qu'il soit objectivisable – soit congruent avec ce symbol**isme** de la *douceur de vivre* à la française qui n'est peut-être (plus ?) qu'*une image d'Épinal*[6)]...

---

5) Tendance ou phénomène qui consiste à dénigrer systématiquement ou inconsidérément (de manière subjective ou arbitraire) la France, la société ou la culture française. 프랑스, 프랑스 사회, 프랑스 문화를 철저하게 혹은 무분별하게 (주관적이고 자의적인 방식으로) 비판하기만 일삼는 경향이나 현상

6) Synonyme de cliché : vision traditionnelle, naïve et exagérément élogieuse. 클리셰의 동의어 : 고지식하고 지나친 찬사로만 일관된 전통적인 사고방식.

Remarques 주의할 점

Le suffixe gréco-latin –isme qui désigne à l'origine « un concept », sert à former des mots pouvant exprimer les trois sens différents suivants : une doctrine/ une idéologie (ex : le capitalisme, le confucianisme) ; une qualité ou un état constaté (ex : l'analphabétisme, un anglicisme) ; une tendance/ une habitude comportementale ou une maladie (ex : le narcissisme, le saturnisme).

원래 « 하나의 개념 »을 지칭했던 그리스-라틴어 접미사인 –isme은 오늘날 다음과 같은 세 가지 의미를 표현하는 단어를 형성하는 데 사용된다 : 주의/이데올로기 (예 : 자본주의, 유교) ; 특성 혹은 확인된 상태 (예 : 문맹, 영어차용) ; 경향/행동습관 혹은 질병 (예 : 나르시시즘, 납중독).

1. Écoutez et lisez le texte ci-dessus. De quel type de texte s'agit-il ?

2. Enquête sémantico-lexicale. Le suffixe –isme.

A. Relevez les cinq mots en –isme dans le texte et classez-les dans le tableau ci-dessous en fonction de leur sens.

une doctrine / une idéologie	une qualité / un état constaté	une tendance / une habitude

B. Cherchez à présent les mots qui correspondent aux définitions suivantes.

- qui désigne les modes de vie liés à la consommation. →
- pratique politique ou conduite individuelle qui consiste à refuser l'initiative et à se déterminer/se décider suivant les circonstances. →
- qui exprime la coexistence de plusieurs cultures au sein d'une société donnée. →
- politique d'un État désireux de limiter ses échanges avec la société internationale. →
- doctrine philosophique qui considère que seule la science peut nous permettre de connaître la réalité du monde et de l'univers. →
- approche des problèmes socio-politiques dans une optique mondiale. →
- formule idiomatique propre à la langue française et/ou qui se trouve utilisée abusivement dans une langue étrangère. →
- morale dont le but est la recherche des plaisirs. →
- morale qui préconise une vie austère et rigide pour s'endurcir et se prémunir contre les difficultés de la vie. →
- (familier) attitude désinvolte qui consiste à ne rien prendre au sérieux. →

C. À vous à présent de choisir 5 mots en –isme de la vie courante/ du vocabulaire journalistique et d'en proposer une définition.

Mot en –isme	Définition

3. Travail sur la structure argumentative du texte. Essayez de dégager les principaux arguments du texte en répondant aux questions suivantes.

a. De quoi traite ce texte ?

b. Quels sont les éléments qui expliquent que la France soit classée en tête des classements internationaux pour la qualité de la vie?

c. Il existe cependant un paradoxe français : lequel ? Deux catégories de la population sont particulièrement concernées : lesquelles ?

d. Quelles sont les principales difficultés que rencontre la première catégorie et qui peuvent expliquer son mal-être?

e. Le mal de vivre de la seconde catégorie a des causes sensiblement différentes de la première : lesquelles ?

4. Rédaction du résumé. Rédigez à présent votre résumé en reliant les réponses aux questions précédentes par des articulateurs logiques (15 lignes environ).

5. Activité complémentaire. En vous inspirant du texte (vocabulaire, expressions syntaxiques) et sur la base des données officielles dont vous pouvez disposer, essayez de rédiger un court texte généraliste sur le problème du chômage des jeunes Coréens aujourd'hui (environ 20 lignes).

Dossier 7. Résumé 3 – Les Français sont-ils cultivés ?

Les Français sont-ils cultivés? [1]

Les Français ont la réputation d'être, et se croient, cultivés. Pourtant, malgré cette présomption flatteuse, ils restent classés dans les marécages mornes de la médiocrité des différents sondages et études visant à mesurer le degré de culture des peuples [2].

C'est d'autant plus surprenant que la culture est en France une préoccupation essentielle : elle est dotée d'un ministère prestigieux (qui n'a jamais existé aux États-Unis), d'un budget conséquent, fait l'objet de nombreux projets ambitieux et innovants (Journées du patrimoine, Fête de la musique...) et bien entendu d'une fierté à toute épreuve : *tout le monde le sait, la France est le pays de la culture* !

Les chiffres ensuite peuvent donner un sentiment d'optimisme. Ces dernières années, la fréquentation des lieux de culture est en hausse chez les jeunes notamment : près de la moitié des 15-19 ans pratiquent par exemple au moins une activité artistique en amateurs et 49 % des Français en général fréquentent plus de trois lieux culturels dans l'année.

Et pourtant, si on va à l'essentiel, **le masque tombe**, car derrière ces quelques signes positifs, la situation n'est guère réjouissante. Prenons l'exemple fondamental de la lecture

---

1) D'après un texte tiré de *150 idées reçues sur la France*, Michel Musolino, First Éditions, 2012.

2) Même si ce degré demeure une mesure subjective et manquant de scientificité.

sans laquelle **il n'y a pas de** culture **qui tienne**. Les Français lisent de moins en moins et cette tendance lourde ne date pas de l'introduction d'Internet car elle a commencé bien avant : ainsi 53 % des Français (et 63 % des hommes) lisent peu ou pas du tout tandis que les adeptes de la lecture ont réduit leur consommation de livres à environ cinq par an[3]. Pis encore 26 % des 15-24 ans, soit des jeunes en âge de faire des études, ne lisent jamais ! À ce déclin s'ajoute la faiblesse chronique de la lecture de quotidiens. À titre de comparaison, en France, on en imprime 7,5 millions contre 21 millions en Allemagne. On pourrait toujours penser que si la lecture a décliné, c'est que d'autres supports – et vecteurs puissants de culture – comme la télévision et Internet **ont pris la relève** : vrai, à première vue puisque les Français passent en moyenne trente et une heure par semaine devant un écran... sauf que les références et les sites culturels sont loin d'être ceux les plus fréquentés !

De plus, il existe des « trous noirs » dans la culture du bon peuple de France : une ignorance à peu près totale de la culture classique. Le grec et le latin ont été rangés au rang de savoirs ésotériques. Les locutions latines ? **Ad hoc** *? Ah ! Mais oui, le capitaine !* De surcroît, on déplore une méconnaissance lourde des littératures étrangères : 50 % des étudiants français ne peuvent citer un auteur italien alors que c'est le cas pour seulement 10 % des étudiants allemands par exemple. Jusqu'à la philosophie qui **est sacrifiée sur l'autel de** l'éducation ac-

---

3) D'après *Les pratiques culturelles des Français à l'ère numérique*, Ministère de la Culture-La Découverte, 2009.

tuelle puisqu'elle est expédiée en une petite année de terminale alors qu'elle est enseignée pendant les trois dernières années du lycée en Italie. L'histoire est, elle-aussi, une des victimes de l'enseignement « réformé » : exit les repères chronologiques, place à un enseignement « thématique » inarticulé qui n'offre plus cette vision panoramique de l'histoire si nécessaire à la compréhension du monde présent. Sans compter que cette matière a tout bonnement été effacée du programme de terminale scientifique ! Et quand à l'enseignement des sciences justement, dont la France aime pourtant à s'énorgueillir si souvent, force est de constater qu'il est devenu si mécanique qu'il inhibe réflexion et ingéniosité…

Enfin un phénomène vient aggraver cette conjoncture. Celui de l'inégalité devant la culture. De toutes les inégalités, elle est probablement la plus cruelle. Quelque 7 % des personnes vivant dans un ménage de cadre supérieur n'ont lu aucun livre. Ils sont 42 % dans un ménage ouvrier. Et ce chiffre est en hausse. Près de la moitié des Français ont une fréquentation des équipements culturels nulle ou exceptionnelle dans l'immense majorité des ménages modestes. La montée galopante de l'illétrisme est, de ce point de vue, explicite : **c'est la cerise sur le gâteau** des inégalités.

Comparant la crise économique à la crise de la culture, Michel Serres a dit : « Mais avez-vous conscience de l'effondrement des savoirs ? Il n'y a plus de latin, il n'y a plus de grec, il n'y a plus de poésie, il n'y a plus d'enseignement littéraire. L'enseignement des sciences est en train de s'effondrer partout. » Et de conclure : « La France préfère son argent à ses enfants » (*Les Échos*, le 24 août 2009).

1. Écoutez et lisez le texte ci-dessus. De quel type de texte s'agit-il ?

2. Enquête sémantico-lexicale.

a. Vérifiez le sens des expressions / constructions idiomatiques suivantes qui sont en caractères gras dans le texte. Réutilisez chacune de ces expressions dans des phrases de votre composition.

Le masque tombe	
Il n'y a pas de... qui tienne	
prendre la relève	
(être) ad hoc	
être sacrifié sur l'hôtel de...	
C'est la cerise sur le gâteau.	

b. Remplacez-les à présent dans le texte par des expressions synonymiques.

3. Travail sur la structure argumentative du texte. Essayez de dégager les principaux arguments du texte à l'aide des questions suivantes.

a. Quelle place la France occupe-t-elle dans les sondages mesurant le degré de culture des peuples ?

b. Pourquoi peut-on dire qu'à première vue, la culture occupe une place privilégiée en France?

c. En quoi la réalité des faits infirme pourtant cette première impression ?

d. Dans quels domaines l'inculture des Français est-elle la plus manifeste ?

e. À quoi cela est-il dû ?

f. Quel facteur aggrave encore cette conjoncture?

4. Rédaction du résumé. Rédigez à présent votre résumé en reliant les réponses aux questions précédentes par des articulateurs logiques (12 à 14 lignes environ).

5. Activité complémentaire. Que pensez-vous de l'affirmation de Michel Musolino selon laquelle « sans lecture, il n'y a pas de culture qui tienne » ? Tâchez d'exposer votre point de vue d'une manière construite et argumentée en donnant des exemples pour illustrer votre propos.

Dossier 8. Résumé 4 – Le syndrome *fomo*

De nouvelles psychopathologies liées à la* cyberdépendance : *Le* syndrome fomo *: entre trouble compulsif et conséquence d'une addiction à Internet

Vous avez toujours peur de manquer la dernière nouvelle, la dernière nouveauté ou le tout dernier *scoop*? Vous voulez toujours être là ou quelque chose d'important se joue? Attention ! Vous êtes peut-être atteint du syndrome dit *fomo*. Ce syndrome qu'on pourrait définir comme la hantise de louper quelque chose d'essentiel de l'air du temps et le sentiment qui en résulte de devoir surfer en permanence tous azymuts sur internet et d'être connecté à tous les réseaux sociaux a deux causes profondes selon les psychologues : la peur d'être exclu de la communauté sociale et la fierté de pouvoir montrer qu'on est dans le coup, qu'on vit des choses sensationnelles et qu'on est donc un être formidable. Pour certains, le *fomo* serait la simple conséquence d'une addiction à Internet, et aux réseaux sociaux en particulier, corollaire inévitable de l'***infobésité***. Pour d'autres, ce serait un vrai trouble d'ordre compulsif, plus structurel, qui trouverait sa source dans un manque de confiance en soi s'exprimant par la peur quasi phobique de rater quelque chose de fondamental à sa survie sociale.

Comme toute psychopathologie elle doit être soignée car elle peut avoir des répercussions graves tant sur la vie professionnelle que privée car la ***fomoïte,*** en empêchant le *pa-*

tient de fixer son attention sur l'instant présent et sur son entourage finit au contraire par l'en déconnecter tout à fait et à l'amener à papillonner et à mener une vie superficielle sans parvenir à créer de véritables liens sociaux. Étant ainsi souvent associé à des phénomènes de ***surbooking***, de ***réunionite*** générés par ce que les Anglo-saxons appellent le ***fonk***[1], le *fomo* peut conduire à l'hyper-anxiété, au surmenage psychologique, et en définitive à l'épuisement moral et physique, à la dépression et ainsi au décrochage de la vie sociale, soit au contraire du but initial recherché ! Ce phénomène, qui est exacerbé par le *culte de la performance* lui-même inducteur d'un environnement social de plus en plus anxiogène, affecterait/toucherait en priorité les moins de 30 ans en quête de reconnaissance sociale et de valorisation privée ou professionnelle. Les pays anglo-saxons sont les premiers à avoir pris conscience de l' « épidémie » et proposent depuis peu des méthodes de « désintoxication ». Elles consistent pour l'essentiel à :

Premièrement, faire prendre conscience de la superficialité, voire la vacuité de ce phénomène puisqu'il n'est en définitive aucunement « productif » ni en termes de connaissances véritables, ni sur le plan relationnel.

Deuxièmement, cultiver la confiance en soi et se sentir bien avec soi-même[2] en découvrant son potentiel et en se définissant une sphère d'activités restreintes et réalistes dans laquelle on pourra concentrer ses efforts pour déve-

---

1) Fear of not knowing = la peur de manquer la personne ou l'info/le tuyau supposé(e) indispensable. 사람에 대한 무지나 정보/꼭 필요하다고 여겨지는 정보의 결핍에서 비롯되는 두려움.

2) En rebaptisant *fomo* par : feel ok more often. fomo에 ~라는 다른 이름을 붙이다.

lopper ses savoirs, ses savoir-faire et son réseau relationnel sans risquer le surmenage.

Troisièmement, cesser de se comparer avec son voisin, ce qui est là-aussi vain, chacun ayant un potentiel et un vécu (une expérience de la vie) différents.

Quatrièmement, prendre le temps de s'arrêter et de s'introspecter pour rester maître de ses choix et de son existence et non devenir l'esclave de la dynamique et des modes ambiantes.

Pour cela il est bon de savoir cultiver un individualisme sensé et modéré et de renoncer à des comportements trop grégaires qui augmentent significativement le risque de voir apparaître ce type de pathologies. Loin d'être la *tare* que certains prétendent, l'introduction de l'individualisme en Corée, pays de forte tradition communautariste, pourrait donc être salutaire si tant est que cet individualisme soit raisonné et raisonnable et qu'il ne se résume pas à de l'égoïsme.

1. Écoutez et lisez l'extrait ci-dessus. De quel type de texte s'agit-il ?

2. Enquête lexicale. Le suffixe –ite.

Remarques 주의할 점

Le néologisme *fomoïte* est un mot dérivé de fomo + –ite. Le suffixe grec –ite indique une inflammation et par extension une maladie. À ce titre, il est très productif et utilisé dans de nombreuses pathologies concrètes (une bronchite, une sinusite, etc.) voire abstraites, métaphoriques prenant alors le sens de compulsion / d'allergie à quelque chose ou quelqu'un (flemmingite, réunionite, etc.).

Fomoïte 라는 신조어는 fomo와 ite라는 접미사의 혼합으로 생겨난 단어이다. 그리스어 접미사 –ite는 염증 혹은 확대된 의미로 질병을 가리킨다. 이러한 점에서 이 접미사는 수많은 구체적인 병리학 증상들(기관지염, 두염 등과 같은)을 지칭하는 데 유용하며 실제로 많이 사용되고 있기도 하다. 나아가 어떤 사물이나 사람에 대한 강박/과민반응(플레밍 증상, 회의 애착증 등과 같은)을 나타내는 추상적이고 은유적인 증상의 조어에도 사용된다.

3. Essayez de trouver des mots/termes qui correspondent aux définitions suivantes.

a. Une maladie de l'estomac ; les maladies les plus courantes : des intestins / des oreilles / du nez / des yeux / de la bouche / de la peau / du cœur / de la gorge / de la tête.
b. Une compulsion à collectionner des objets :
c. Une allergie au travail, une crise de paresse :
d. Une tendance à organiser des réunions sans arrêt :
e. Un usage compulsif du smartphone :
f. Une antipathie prononcée envers un homme politique :

4. Travail sur la structure argumentative du texte. Repérez les paragraphes, les mots-clés ou les arguments-clés et les articulateurs logiques et répondez aux questions suivantes.

a. Qu'est-ce que le syndrome dit « fomo » ?
b. Quelles sont les causes de ce syndrome ?
c. Pourquoi est-il à prendre au sérieux ?
d. En quoi consiste la méthode de désintoxication préconisée ?

5. Rédaction du résumé. Rédigez maintenant votre résumé sur la base des réponses apportées aux questions précédentes.

6. Activité complémentaire. Imaginez ce que pourrait être l'un des deux syndromes suivants : la « facebookite » ou la « twitterite ». Écrivez une vingtaine de lignes pour décrire l'un de ces deux syndromes en illustrant votre description avec des exemples précis.

Dossier 9. Résumé/synthèse du contenu d'un entretien

Pourquoi de jeunes Français sombrent-ils dans le djihad ?[1]

Les 7 et 9 janvier 2015, la France est victime d'une série d'attaques terroristes islamistes - revendiquées par *Al Qaïda* dans la péninsule arabique (AQPA) basé au Yemen - visant le journal satirique *Charlie Hebdo* et une supérette cachère (kasher). Ces attentats qui ont fait 20 morts au total ont été d'autant plus choquants qu'ils ont été perpétrés non pas par des étrangers mais par de jeunes djihadistes français nés et élevés en France. Le sociologue Farhad Khosrokhavar, auteur du livre *Radicalisation*[2], a analysé pour nous le processus par lequel de jeunes citoyens français épousent l'islam radical.

J : Qui sont ces jeunes djihadistes et comment basculent-ils dans ce mouvement en France aujourd'hui?

FK : En fait, ce sont des jeunes qui connaissent un parcours d'**embrigadement** typique du djihadisme. Issus en général de familles de banlieues désunies et violentes, ils ont la plupart du temps trempé dans la délinquance et passé une période plus ou moins longue en prison avant de faire ce qu'on pourrait appeler le *voyage initiatique*

1) D'après un article du *Point* du 19/01/2015.

2) Farhad Khosrokhavar, les Éditions de la Maison des Sciences de l'homme, Paris, 2014 (rapport sur la radicalisation commandé par le ministère français de la Justice).

fondamental au Moyen Orient au cours duquel ils se trouvent formés au maniement des armes et où surtout ils endossent le statut de héros djihadiste qui, pour la première fois, leur donne une identité et une importance qu'ils n'avaient jamais eues auparavant. C'est alors qu'ils embrassent un islamisme radical qui est en fait fort éloigné des convictions religieuses originelles de l'islam à proprement parler et qui n'a donc pas grand-chose à voir avec l'islamisme de leurs parents.

J : En quoi ces deux islamismes sont-ils différents ?

FK : Il faut savoir qu'à la base ces jeunes n'ont aucune culture religieuse : ils ne savent d'ailleurs souvent pas lire ni l'arabe ni le Coran, ils ne maîtrisent même pas les prières fondamentales ! En fait, au départ, ils sont totalement désislamisés et c'est ce vide religieux total qui va être rempli par l'islamisme radical : autrement dit, s'ils deviennent djihadistes, c'est en quelque sorte par excès d'inculture !

J : Mais comment se fait-il que leurs parents ne leur ont pas transmis cette culture ?

FK : La réponse est malheureusement simple : vous savez, la socialisation par la famille traditionnelle maghrébine a subi une crise majeure du fait de ses difficultés d'insertion dans la société française. Les parents n'ont pu leur transmettre les valeurs fondamentales de l'islam du fait d'un **déficit grave d'autorité** ; notamment le père a été **detrôné**, il parle un français très approximatif et est souvent illettré tandis que la mère n'a traditionnellement pas voix au chapitre : de fait, ce sont les fils qui, en assurant seuls la liaison avec la société, ont pris le pouvoir et imposent leur loi au sein de la famille alors qu'ils sont par le même fait immatures et incultes.

J : Mais l'école publique ne doit-elle pas assurer ce rôle socialisant?

FK : Vous soulevez un aspect corollaire fondamental du problème : comment voulez-vous que la socialisation par l'école s'exerce sur ces jeunes et que celle-ci puisse leur inculquer les valeurs de la république quand 95 % des enfants sont d'origine immigrée dans les établissements de banlieue ? Sans compter que les enseignants ont perdu aussi leur autorité... Ces enfants en sont donc ainsi venus à faire la loi tant à la maison qu'à l'école et recréent une société à eux, sorte de monde interlope où la délinquance est reine.

J : À quels moments précis ces jeunes se radicalisent-ils ?

FK : Comme on le voit, ces jeunes s'inscrivent alors dans un système de déviance. Ils volent, trafiquent de la drogue, consomment de l'alcool et vont en boîte de nuit : soit tout ce qui est interdit par l'islam ! Or, constatant par eux-mêmes qu'ils sombrent de plus en plus et que leur vie n'a plus aucun sens, ils font alors la rencontre d'un personnage charismatique qui va les faire renaître.

J : Où cela ? À la mosquée?

FK : Non, comme je l'ai souligné tout à l'heure, ce ne sont pas des pratiquants, sans compter que les mosquées font aujourd'hui l'objet d'une surveillance régulière pour prévenir tout phénomène de radicalisation en leur sein. Ces jeunes se radicalisent plutôt en prison, par le biais d'internet ou d'amis. Arrive alors ce que j'appelle le phénomène socio-psychologique du *born again* : une sorte d'éveil total par le biais d'un **maître à** (ne pas !) **penser** qui exploite leur vide existentiel et leur redonne une nouvelle identité et raison de vivre. De plus, s'étant eux-mêmes exclus de la société par leurs comportements déviants, ils finissent par la rejeter violemment et la condamner à mort par le biais de cet islamisme radical. Sans compter que la société facilite indirectement cette radicalisation : en les craignant, en les prenant au sérieux, elle leur donne involontairement le statut de héros auquel ils aspirent. Ainsi recouvrer une identité de djihadiste leur donne un sentiment de force et de sérénité. Ils pensent qu'ils sont les élus de Dieu et qu'ils ont leur place au paradis. Pour eux, le fait d'être un martyr est le summum de leur carrière, ce qui est très dangereux évidemment puisque non seulement ils n'ont pas peur de mourir mais que la mort est même leur but suprême ! En fait, ils ont le sentiment d'être les acteurs d'une histoire sacrée qu'ils écrivent eux-mêmes.

J : Mais ne pensez-vous pas que cette radicalisation est le fruit d'un certain racisme de la société à leur endroit?

FK : Qu'il y ait du racisme et de l'islamophobie en France, certes. Mais il est faux de dire que les portes de la société française leur sont fermées. Sociologiquement on voit bien que de plus en plus de jeunes de banlieue réussissent, même au plus haut niveau de la société. Le problème de ces jeunes, qui ne représentent quand même qu'une minorité, c'est qu'ils se sont installés dans une logique de victimisation et qu'ils rendent responsables la société de leur vide existentiel et de leur échec alors que cela est en grande partie le fruit de leur histoire familiale personnelle comme on l'a vu.

J : Le discours selon lequel ces terroristes ne sont pas de vrais musulmans est-il donc valable?

FK : Oui, à quelques nuances près, cependant. Car on ne peut nier le fait que le Coran compte des passages très violents. Le problème, c'est que les djihadistes en font une lecture sélective en ignorant toute la dimension pacifiste et bienveillante du Coran. Mais ce n'est pas propre à l'islam, il existe des fondamentalistes dans toutes les religions y compris dans les religions chrétiennes par exemple.

J : Ce fondamentalisme représente donc un danger certain pour la société française, mais quel est au juste le poids de ces djihadistes en France?

FK : Il s'agit d'une infime minorité. Mais il suffit qu'il y en ait deux ou trois pour que cela exerce une influence énorme sur la société comme le montrent ces événements. Tout le problème du djihadisme est que quelques individus peuvent créer un émoi collectif qui ne se mesure pas en nombre de victimes mais à la monstruosité de l'acte et à son intentionnalité. Ainsi, du jour au lendemain, les djihadistes ont l'impression de devenir des stars, ce que j'appelle des *héros négatifs*.

J : Des stars? Mais auprès de qui?

FK : Mais des médias, bien sûr ! Regardez, qui connaissait les frères Kouachi ou Amedy Coulibaly avant ces événements? Qui ne les connaît pas aujourd'hui? Ne sont-ils pas devenus, d'une certaine façon des stars internationales?

J : Oui, mais ils sont morts...

FK : Mais ils le savaient bien, avant de mourir, qu'ils deviendraient des stars, même pendant une période très éphémère et c'est justement la raison pour laquelle ils se sont mis en scène et ont filmé leurs actes. Ces jeunes savaient bien que toutes les caméras du monde entier seraient braquées sur eux. Ainsi leurs actes sont-ils indissociables de leur transmission par les médias. Ils ne font d'ailleurs pas simplement cela pour leur conscience mais pour être vus et reconnus de tous. C'est le besoin de reconnaissance qui est leur but ultime, même s'il s'agit d'une reconnaissance dévoyée, pervertie et donc pathologique.

1. Écoutez et lisez l'interview ci-dessus.

2. Enquête sémantico-lexicale. Informez-vous !

a. Qu'est-ce que :

- l'islam(isme) radical ?
- le fondamentalisme religieux ?
- le djihadisme ?
- faire le djihad ?
- l'EI (l'État Islamiste) ?
- Al Qaïda ?

b. Cherchez le sens des expressions en gras dans le texte et réemployez-les dans des phrases de votre composition.

3. Questions préalables au résumé.

a. Quelles sont les causes premières du ralliement au djihadisme de ces jeunes ?

b. Comment s'opère leur radicalisation ? = quel est le processus de leur radicalisation ?

4. Rédaction du résumé/ de la synthèse. Faites le résumé de cet entretien en vous servant des réponses aux deux questions de l'activité précédente.

5. Activité complémentaire. Farhad Khosrokhavar clôt son propos par une critique en filigrane des médias dont le rôle délétère dans la gestion de cet événement a fait l'objet a posteriori de critiques assez vives de la part d'un certain nombre d'intellectuels. Il leur a été reproché notamment d'avoir mis en danger la sécurité des citoyens en divulgant des informations cruciales et en favorisant indirectement le djihadisme en *héroïsant* les terroristes de manière inconsidérée. Qu'en pensez-vous ?

Dossier 10. Introduction à la dissertation ou la rédaction argumentée

Rappels : 기억할 점들

L'exercice de la dissertation est un exercice qui permet d'apprendre à argumenter. Argumenter veut dire organiser ses idées afin d'informer et de convaincre le lecteur ou l'auditeur. Pour organiser ses idées il faut d'abord choisir un plan. Il existe différents types de plans.

논술 연습은 논증하는 법을 배우는 훈련이라고 할 수 있다. 논증한다는 것은 독자 혹은 청자에게 정보를 제공하거나 혹은 그들을 설득하기 위해 자신의 생각을 조직적으로 정리하는 것을 말한다. 생각을 정리하기 위해서는 무엇보다도 하나의 구조(구성)를 선택해야 한다. 구조(구성)에는 다양한 유형이 존재한다.

- **Le plan 구조**

Au minimum, un plan contient une introduction, une conclusion et un texte central. Ce dernier est généralement subdivisé en différentes parties.

적어도 하나의 구조에는 서론, 결론, 메인 텍스트가 포함되어 있어야 한다. 메인 텍스트는 보통의 경우 몇 개의 부로 나뉘어진다.

La nature du plan, autrement dit la manière dont les différentes parties sont organisées change également en fonction de la nature du texte que vous écrivez. Par exemple, on peut trouver :

구조의 성격, 달리 말해 다양한 부분을 적절히 조직화하는 방법은 쓰고자 하는 텍스트의 성격에 따라 달라질 수 있다. 예를 들면 다음과 같은 구조들을 살펴볼 수 있다 :

Le plan linéaire : c'est le plus simple. Il consiste à présenter des informations ou à décrire et analyser un évènement de manière progressive, souvent selon un ordre chronologique (passé, présent, futur).

선적 구조 : 가장 단순한 구조이다. 점진적인 방식으로 정보들을 제공하거나 어떤 사건을 묘사하고 분석하는 것으로, 종종 연대기적인 순서(과거, 현재, 미래)를 따르기도 한다.

Le plan thématique : il consiste à parler d'un domaine selon différents angles ou thèmes. Par exemple, il est possible de parler de l'aviation sous un angle historique, sociologique, économique, technique, etc.

주제 구조 : 특정 분야에 대해 다양한 각도 혹은 다양한 주제들을 통해 이야기하는 것이다. 예를 들면 항공 분야에 대해 논할 때, 역사적인 관점, 사회학적인 관점, 경제학적인 관점, 기술적인 관점 등으로 주제를 세분화하여 이야기하는 것이다.

Le plan orienté : il consiste à privilégier une idée ou une thèse. On peut par exemple insister sur le présent, revenir sur le passé et imaginer le futur ou bien on ne garde qu'une idée forte que l'on va argumenter selon différents angles.

경향적 구조 : 하나의 사유 혹은 하나의 주제를 중점적으로 다루는 것이다. 예를 들어 현재의 관점에만 집중하거나, 온전히 과거를 되돌아보는 방식, 혹은 미래를 상상하는 일에 집중하는 방식, 또는 단 하나의 강력한 사유만을 견지하면서 향후에 그 사유를 다양한 각도에서 논증해 나가는 방식이 이에 해당한다.

Une dissertation (ou un essai) a pour objectif de confronter des idées afin de parvenir à dégager un avis différent –

qui s'écarte de l'opinion générale – ou de dégager un avis plus nuancé. Pour confronter différentes idées on peut soit souligner les similitudes ou points communs, soit souligner ce qui les distingue.

Pour ce faire, il existe deux types de plans en trois parties distinctes :

한 편의 논술(혹은 에세이)은 다른 의견 –일반적인 견해와는 거리를 둔- 혹은 보다 미묘한 의견을 도출해내기 위해 다양한 사유들을 서로 대조하는 것을 목적으로 한다. 다양한 사유들을 대조하기 위해서는 유사성 혹은 공통점을 강조하거나, 서로 구분되는 점들을 강조하는 방식을 사용할 수 있다.

1) Le plan : situation / opinion / propositions

구조 : 상황 / 의견 / 제안들

✓ La première partie consiste à présenter (aussi objectivement que possible) un fait ou une situation.

제1부에서는 어떤 사실이나 상황을 소개하는(가능한 한 객관적으로) 데 주력한다.

✓ La seconde partie consiste à donner son opinion concernant cette situation.

2부에서는 그 상황과 관련된 자신의 의견을 제시한다.

✓ Ensuite, dans la troisième partie, il s'agit de proposer des solutions pour résoudre ou améliorer cette situation.

다음으로 3부에서는 그 상황을 해결하거나 개선하기 위한 해결책들을 제시한다.

2) Le plan : thèse / antithèse / synthèse ou, plus simplement : arguments pour / arguments contre / dépassement de l'opposition pour-contre

구조 : 정 / 반 / 합, 보다 쉽게 설명하자면 : 찬성하는 논거 / 반대하는 논거 / 찬성과 반대의 대립을 초월하기

- ✓ Dans la première partie, il s'agit de réunir les arguments (si possible accompagnés d'exemples) en faveur de la question, du problème ou de la thèse de départ (prenons par exemple une question sur l'intérêt du nucléaire, on présentera donc ici des arguments en faveur de l'énergie nucléaire).

  제1부에서는 논의의 출발이 되는 문제나 주제에 대해 호의적인 논거들 (가능하면 적절한 예를 들어주면서) 을 모아서 제시한다.

- ✓ La seconde partie, elle, a pour but de réunir les arguments (si possible accompagnés d'exemples) susceptibles de venir contredire les arguments exposés dans la première partie (dans l'exemple choisi ici, il s'agira donc de rassembler des arguments contre l'énergie nucléaire).

  2부에서는 1부에서 제시된 논거들에 반박할 수 있는 주장들 (가능하면 적절한 예를 들어주면서) 을 모아서 제시한다.

- ✓ La troisième partie cherchera à dépasser la confrontation ou opposition entre la partie 1 et la partie 2, en proposant des solutions soit originales, soit plus nuancées. Le but ultime est de montrer qu'il est possible de dépasser le sens commun (les opinions courantes) et de penser autrement une situation donnée.

3부에서는 독창적이거나 보다 미묘한 해결책들을 제시함으로써 1부와 2부에서 제시된 논거들 사이의 충돌 혹은 대립의 초월을 시도한다. 궁극적인 목적은 상식(일반적인 견해)을 뛰어넘고 주어진 상황에 대해 다르게 생각하는 것이 가능함을 보여주는 데 있다.

• **Les étapes de la rédaction :** 작문의 단계들

La première étape est de bien lire et relire le sujet afin d'éviter le hors-sujet.

첫 번째 단계는 옆길로 새는 것을 방지하기 위해 반복적인 독서로 해당 주제를 익히는 것이다.

Ensuite, pour une meilleure rédaction ou dissertation, il est préférable de faire un brouillon.

다음으로, 보다 나은 집필 혹은 논술을 위해서 밑그림을 그리는 것이 바람직하다.

Un brouillon est utile pour organiser ses idées et donc formuler un plan.

밑그림은 생각을 조직화하고 하나의 구조를 만들어내는 데 유용하다.

Le plan définit les différentes parties. Il sert aussi à trouver les liaisons logiques et à être sûr que les différents arguments sont dans le bon ordre.

구조는 각각의 파트(부)들을 정의한다. 구조는 또한 논리적 연결점을 발견하여 서로 다른 논거들이 올바른 질서 속에서 조합되고 있음을 확인할 수 있게 해 준다.

Enfin, pour chacune des idées, il est préférable de trouver un ou des exemples pris dans l'actualité ou dans vos connaissances scientifiques ou littéraires. Cela permet d'éviter les jugements et opinions trop personnels.

마지막으로, 각각의 사유를 개진할 때마다 현실이나 과학적, 문학적 지식에서 추려낸 하나 혹은 여러 개의 예들을 제시해주는 것이 좋다. 이를 통해 판단이나 의견들이 지나치게 개인적인 것으로 여겨지는 것을 피할 수 있다.

L'introduction et la conclusion se finalisent généralement à la fin, lorsque le contenu des différentes parties est défini et rédigé.

서론과 결론은 각 파트(부)의 내용이 정리되고 작성된 후 마지막에 작성하는 것이 보통이다.

En résumé : 요약

- L'introduction 서론

Donne le sujet (que vous recopiez) en le plaçant dans un contexte plus large. Cela vous permet de mettre en évidence la problématique. Puis, vous exposez votre plan.

글의 주제(당신이 다루고자 하는)를 보다 넓은 맥락 속에서 제시한다. 이를 통해 문제들을 보다 명확히 할 수 있다. 그리고 나서, 글의 구조를 제시해 준다.

- Le développement 전개

D'après votre plan (élaboré au brouillon), vous pouvez écrire directement en développant bien vos exemples et surtout en veillant à faire des phrases de transition entre les différentes grandes parties. Le tableau synthétique des connecteurs logiques (pages suivantes) vous aidera à enchaîner vos idées et arguments de manière logique.

구조(글의 밑그림에 해당되는)를 제시한 후에는 다양한 예들을 보여주면서 직접적으로 논지를 전개해 나가면 된다. 단, 글의 각 파트(부) 사이의 맥락을 연결하는 데에 주의를 기울일 필요가 있다. 논리 연결어들을 모아 놓은 표(다음 페이지에 있는)를 통해 논리적으로 의견과 논지를 개진해 나가는 방식과 관련한 도움을 얻을 수 있을 것이다.

• La conclusion 결론

Reprend rapidement l'ordre de la discussion que vous avez conduit pour insister sur celle de la troisième partie (synthèse). Autrement dit, vous devez répondre aux différentes questions formulées dans l'introduction et au cours du développement. Enfin, la conclusion permet de proposer une ouverture et suggérer un élargissement de la discussion.

제3부 (종합)의 논의를 강조하기 위해 앞서 제시했던 논의를 순서에 따라 간략하게 되짚어 본다. 달리 말해 결론에서는 서론과 본론에서 제기된 다양한 질문들에 응답을 해야 하는 것이다. 마지막으로, 결론에서는 논의의 개방성과 확장 가능성이 언급될 수 있다.

Conseils : 조언들

- Une règle d'or : à chaque paragraphe, une idée argumentée et un ou deux exemples.

  황금규칙 : 각 단락마다 하나의 논지와 하나 혹은 두 개의 예들을 제시한다.

- Utilisez un vocabulaire simple et précis. N'écrivez pas de phrases trop longues.

  간단하면서도 명료한 어휘를 사용한다. 문장을 너무 길게 쓰지 않도록 한다.

- Il n'y a pas de titre ou de sous-titre dans une rédaction ou une dissertation. Il faut séparer les différentes parties en sautant une ligne.

  작문이나 논술에는 제목이나 소제목들이 붙지 않는다. 각 부분은 한 줄을 띄어 줌으로써 구분한다.

- Relisez votre texte avant de le rendre afin d'éviter les fautes d'orthographes, d'accord et les répétitions.

  작성된 텍스트를 다시 읽어보면서 철자나 성,수일치의 오류들, 반복 등을 수정한다.

Les connecteurs logiques

À l'écrit ou à l'oral, les connecteurs ou liens logiques servent à articuler les différents paragraphes entre eux. Ils permettent au lecteur ou à l'auditeur de suivre et de mieux comprendre le développement de votre pensée.

글쓰기에서건 회화에서건 논리적 접속어 또는 연결어들은 서로 다른 단락들을 연결해주는 역할을 한다. 접속어는 독자 또는 청자들이 당신의 사유가 어떻게 전개되고 있는지를 더 잘 이해할 수 있도록 도움을 준다.

Tableau synthétique des principaux articulateurs logiques :

Catégorie 구분	Prépositions 전치사	Conjonctions de coordination et adverbes 등위접속사와 부사	Conjonctions de subordination 종속접속사	Verbes et locutions verbales 동사와 동사구
Addition 더하기	Outre -이상으로, -이외에 en plus de –이외에도 en sus de -이외에, -밖에	et 그리고 ni –도 (아닌) avec –와 함께 en plus 게다가 de plus 그 위에 en outre –한데다가 par ailleurs 게다가,한편으로 보면 ensuite 그리고 나서 d'une part… d'autre part 한편으로 ... 다른 한편으로 aussi –도 또한 également 마찬가지로	outre que -뿐만 아니라 sans compter que -은 차치하고라도	s'ajouter추가되다 marier 결합시키다 s'additionner 더해지다 se superposer 서로 겹쳐지다 etc.
Soustraction 빼기	hors –하는 것을 제외하고 hormis –을 제외하고 excepté -을 제외하고		à moins que -하지 않는다면, -한 경우를 제외하면	soustraire 빼다, 감하다 enlever 없애다, 빼다 diminuer 줄이다, 축소하다
Cause 원인	à cause de –때문에 à la suite de –의 결과로 en raison de -때문에 grâce à –덕분에 du fait de-의 이유로	car 왜냐하면 en effet 왜냐하면 –이니까	puisque –이므로 parce que 왜냐하면 comme –이니까 étant donné que -인 까닭에	découler de (에서) 생기다, 유래하다 résulter de (의) 결과이다 provenir de (의) 결과이다 venir de (에서) 유래하다, 기인하다 engendrer 생기다, 발생하다 déterminer 야기시키다

Catégorie 구분	Prépositions 전치사	Conjonctions de coordination et adverbes 등위접속사와 부사	Conjonctions de subordination 종속접속사	Verbes et locutions verbales 동사와 동사구
Conséquence 결과	pour –을 위한 afin de –하기 위하여 en vue de -을 목적으로 au point de -하기까지 de peur de -을 걱정하여 assez… pour -할 만큼 충분히 –하다	par conséquent 그러므로 en conséquence 따라서 c'est pourquoi 그래서 de là 그로 말미암아 d'où 그렇기 때문에 donc 그러므로 aussi 따라서 ainsi 그렇기 때문에 dès lors –인 이상	afin que –하기 위하여 pour que -하기 위하여 si bien que -할 수 있도록 de sorte que 그래서 de façon que -하도록 dès lors que -인 이상 tellement que -하도록 tant que -하는 한 au point que -할 정도로 si… que 아주 – 하므로	entraîner 야기하다 provoquer 유발하다 causer (의) 원인이다 impliquer 결과로 초래하다 susciter 생기게 하다 découler 유래하다
Opposition 대립, 모순	en dépit de -에도 불구하고 loin de -하기는커녕 malgré -에도 불구하고 au contraire de -와 반대로 au lieu de -하는 대신에	mais 그러나, 하지만 néanmoins 그럼에도 불구하고 cependant그렇지만 pourtant그렇지만 or그렇기는 하지만 toutefois 그렇기는 하지만 au contraire반대로 inversement반대로 en revanche반면에	bien que -임에도 불구하고 quoique -함에도 불구하고 même si -한다 할 지라도 alors que -임에 반해 tandis que -하는 반면에 tout… que아무리 –라고 하더라도 quelque… de아무리 –라고 하더라도	s'opposer à (에) 반대하다 avoir beau + verbe -이지만 réfuter 논박하다 contredire반박하다
Hypothèse 가정	en cas de -의 경우에		Si 만일 – 하면 au cas où -의 경우에 pour le cas où 만약 – 한다면 selon que -하는가에 따라 suivant que	à supposer que -이라고 가정하면

Exemples de dissertations :

Sujet 1 : Vivre en ville ou vivre à la campagne ? => Exemple de construction du plan pour un sujet simple

Construction de l'introduction : la première phrase évoque un fait d'actualité connu par une majorité de personnes. La seconde, pose un ou différents questionnements. Ensuite, on expose les différentes parties qui constitueront le développement de la rédaction. Enfin, on résumera brièvement le contenu de la conclusion.

서론의 구성 : 첫 문장에서는 대부분의 사람들이 알고 관심을 가질만한 사실을 거론한다. 다음으로, 하나 혹은 다양한 문제들을 제기한다. 그리고 나서 글이 몇 부로 이루어지고, 각 부에서 어떤 내용이 전개되어 나갈지를 제시한다. 마지막으로, 결론의 내용을 간략하게 요약한다.

Exemple d'introduction :

De nos jours, beaucoup de jeunes citadins quittent les centres-villes ou les banlieues pour aller s'installer à la campagne.

Qu'est-ce que ce phénomène trahit ? Est-ce parce que la ville ne satisfait plus aux rêves de nos contemporains ou bien est-ce parce que la campagne a su se développer et est devenue finalement plus attractive ?

À ces différentes questions nous allons essayer de répondre en nous attachant, dans une première partie, à montrer les avantages et les inconvénients que peut représenter le fait de vivre en ville ou à la campagne. Puis, dans un deuxième temps, nous essaierons de montrer que la perception de chacun de ces lieux de vie est fortement dépendante de la perception et des valeurs qu'une époque donnée développe.

En conclusion, nous pourrons mieux comprendre la nature des motivations de ces départs pour la campagne.

Exemple de développement :

Partie 1 – L'actualité montre que, contrairement au phénomène d'exode rural fréquent dans les années 1960, nous assistons désormais à un phénomène inverse, à savoir un exil vers la campagne ou les zones périurbaines.

Questionnements possibles : à quelles réalités correspond ce changement sociétal ? Est-ce un changement de nature des villes ou des campagnes elles-mêmes ou bien est-ce que notre époque a développé de nouveaux idéaux ?

Pour répondre à ces questions, il est nécessaire de revenir un peu en arrière dans le temps et de s'interroger sur ce qui constituait les motivations ou les nécessités de s'installer en ville. Autrement dit, quels avantages la ville présentait-elle à l'époque ? De même, on réservera un paragraphe aux motivations et/ou nécessités qu'il y avait à quitter son village. Quels inconvénients la campagne présentait-elle ?

(On veillera à donner des exemples.)

Partie 2 – Nous commençons à comprendre que nous avons affaire à un composé de réalités socio-économiques et de valeurs qui, si elles peuvent parfois s'accorder, peuvent également entrer en conflit. Par exemple, la ville peut ne plus satisfaire parce que la nature du travail a changé (le télétravail permet de s'installer où l'on veut) et parce que les villes étant de plus en plus peuplées, elles accumulent une série d'inconvénients comme la pollution ou la spéculation immobilière qui rend les loyers trop chers.

Exemple de conclusion : Si, au premier regard, ces retours à la campagne peuvent sembler étranges c'est sans doute parce que nous avons pris l'habitude de penser que la ville présente plus d'avantages et d'opportunités que la campagne. Il faut prendre le temps de la réflexion pour comprendre que cette habitude de pensée peut facilement être remise en cause si nous prêtons attention aux différents changements qui ont lieu à notre époque.
(On veillera à donner des exemples.)

Sujet 2 : La technologie est-elle la solution à tous nos problèmes ? Exemple d'utilisation des connecteurs et autres articulateurs logiques

De nos jours les produits issus des progrès technologiques semblent être partout. Visibles ou invisibles, il semble désormais impossible de s'imaginer vivre sans eux tant le confort qu'ils apportent est considérable. Aussi, de plus en plus de nos contemporains pensent que la technologie est indispensable et qu'elle offre notre meilleur espoir pour résoudre des problèmes sociaux voire politiques. À supposer que cette conception soit vraie, n'est-il pas néanmoins nécessaire de nous demander si elle ne représente pas une certaine forme d'illusion ou, pire encore, de fatalisme ? En d'autres termes, n'y a-t-il pas un certain danger à laisser le futur de nos enfants entre les mains des ingénieurs ?

Il est vrai que, d'une part, depuis la Révolution industrielle, l'humanité constate tous les jours les différents apports que la technologie lui offre aussi bien en ce qui concerne les transports, les télécommunications, la médecine que les nouveaux matériaux. Le résultat le plus évident est que nous vivons plus longtemps et en meilleure santé, que nous voyageons plus rapidement et plus confortablement et que, pour ajouter un dernier exemple, nous souffrons moins du froid et de la faim. En résumé, nos besoins vitaux sont non seulement mieux satisfaits mais ils sont également mieux gérés et anticipés lorsque, par exemple, une crise soudaine survient.

D'autre part, il est aussi possible de dire que ces mêmes technologies sont des facteurs de nuisances et de disruptions sociales. Inutile d'insister sur les dégâts provoqués par les diverses pollutions ou bien les perspectives dramatiques conséquentes au dérèglement climatique. Ajoutons que dans nos sociétés le fossé entre ceux qui possèdent les meilleures technologies et ceux qui souffrent du manque de ces mêmes outils de soin, de communication ou de transport s'accroît considérablement. Cette différence de distribution, en un mot, ces inégalités, peuvent provoquer des tensions sociales importantes. Indirectement, l'argent nécessaire à l'acquisition de ces progrès nés du développement technologique peut entrainer toutes sortes de traffics illégaux et/ ou de corruptions afin de pouvoir y avoir accès.

Malgré donc les nombreux bénéfices que l'on peut tirer de ces divers progrès, il ne serait pas faux de dire que la technologie peut faire figure à la fois de virus et d'antidote, à savoir qu'elle peut être bénéfique comme elle peut présenter plus d'inconvénients que d'avantages. Ceci étant dit, la question initiale nous amène à considérer la technologie sous un angle un peu différent. En effet, peut-on dire que la satisfaction de nos besoins vitaux suffit à résoudre tous nos problèmes ? Autrement dit, notre vie d'être humain se résume-t-elle à la seule satisfaction de ces dits besoins vitaux : se nourrir, se loger, s'habiller, se mouvoir ? Par exemple, depuis l'Antiquité, les philosophes se sont penchés sur trois concepts, celui du vrai, celui du bien et celui du beau, qui ne paraissent pas directement relever de la technologie et de ses progrès. Il est par conséquent possible de se demander si la technologie est suffisante à elle-même sans que l'intelligence humaine lui donne un sens ou lui conçoive un cadre.

(...)

[*Le texte ci-dessus n'est pas une véritable dissertation. En règle générale, pour le bénéfice de la réflexion, un essai de ce type comporte au minimum deux pages.*]

Chapitre 3.

Dossiers de synthèse

Dossier de synthèse

1. Pendant des années
2. Cendres
3. De retour
4. Samba
5. Entre les murs
6. La gloire de mon père
7. La vérité sur l'affaire Harry Quebert
8. Les gens heureux lisent et boivent du café

종합

1. 몇 해 동안
2. 재
3. 귀가
4. 웰컴 삼바
5. 벽 사이에서
6. 내 아버지의 영광
7. 해리 쿼버트 사건의 진실
8. 행복한 사람들은 카페에서 책을 읽고 음료를 마신다

CHAPITRE 3.

Dossiers de synthèse
종합

Dossier de synthèse 1. Pendant des années

Pendant des années, nouvelle d'Anna Gavalda*,
tirée du recueil *Je voudrais que quelqu'un m'attende quelque part*
(Anna Gavalda, Éditions J'ai lu, 2013, pp.101-115).

★

Anna Gavalda, née en 1970 et professeure de français au collège est une romancière et nouvelliste connue et appréciée du grand public pour sa littérature tantôt légère, tantôt grave « mettant en scène le Français moyen dans tous ses avatars ». La présente nouvelle est extraite du recueil *Je voudrais que quelqu'un m'attende quelque part* qui a obtenu le grand prix RTL-Lire en 2000 et qui a été traduit en 27 langues. Trois de ses œuvres ont déjà fait l'objet d'une adaptation cinématographique ou télévisée.

안나 가발다는 1970년에 태어나 중학교 프랑스어 교사로 재직하면서 동시에 유명한 소설가(장편, 단편)로 활동하고 있다. 때로는 가볍게, 때로는 묵직하게 « 평범한 프랑스인의 모습을 거의 모든 측면에서 작품에 담아내는 » 그녀의 문학은 많은 대중들로부터 높은 평가를 받고 있다. 여기에 소개한 작품은 문집 <누군가 어디에서 나를 기다리면 좋겠다>에 수록된 단편이다. 이 소설집은 2000년에 RTL-Lire 문학상(RTL방송과 월간 문학지 *Lire* 가 독자들의 투표로 선정하는 문학상)을 수상했으며, 현재까지 27개 언어로 번역되었다. 세 편의 작품은 영화나 텔레비전 드라마로 각색되기도 했다.

Anna Gavalda en 2010

1. Après avoir lu la nouvelle *Pendant des années*, répondez aux questions suivantes.

A. De quelle histoire s'agit-il ? Résumez en quelques lignes (4 ou 5) l'histoire racontée dans cette nouvelle.
Il s'agit d'une nouvelle racontant l'histoire de...

B. Qu'apprend-on sur les deux personnages (à propos de leur apparence physique, de leur caractère, de leur vie actuelle et de leur histoire personnelle) ?

- Héléna

- Son ex-amant Pierre

3. Cherchez le sens des expressions suivantes et complétez les phrases qui suivent avec l'expression qui convient : *donner le change ; ne rien voir venir ; remettre d'aplomb ; se laisser aller ; être dans le même bateau ; le bon vieux temps ; mettre Paris en bouteille.*

a. Ah ! Si je n'avais pas choisi cette voie, je n'en serais pas là aujourd'hui ! Ç'est déprimant vraiment ! Allez ! Ne ____________! On est tous____________et avec des « si », on ______________________. Et si tu t'offrais de petites vacances pour te______________?

b. Les électeurs étaient gonflés d'espoir suite à toutes les promesses que leur candidat leur avait faites durant la campagne électorale. Ne ______________________________, la déception est grande et le mécontentement commence à gronder dans les rues. Du coup, le gouvernement essaye de soigner sa communication pour ______________________.

c. Il n'y a même pas cinq ans, on pouvait trouver beaucoup de restaurants de cuisine coréenne traditionnelle à Séoul copieux et bon marché mais aujourd'hui c'est vraiment devenu difficile, quel dommage ! Eh oui, tout se perd, c'était ______ ________! Maintenant, c'est le règne des franchises : qu'est-ce que tu veux, il faut vivre avec son époque !

4. Faites un résumé détaillé de l'histoire. Écrivez environ 350 mots (une vingtaine de lignes).

5. À votre avis, qui est Marcheron et quel rôle a-t-il pu jouer dans leur histoire ?

6. Imaginez une suite à cette histoire.

Dossier de synthèse 2. Cendres

Cendres, nouvelle d'Olivier Adam*, extraite du recueil *Passer l'hiver* d'Olivier Adam, Éditions de l'Olivier, p.47-58.

★

Olivier Adam est un jeune écrivain français né en 1974 essentiellement nouvelliste et spécialiste de la littérature jeunesse. Il a reçu le Prix Goncourt de la Nouvelle en 2004 et le Prix Roman France Télévisions en 2007. Plusieurs de ses ouvrages ont déjà été adaptés au cinéma dont *Passer l'hiver* d'où est extraite la présente nouvelle.

올리비에 아당은 1974년에 태어난 비교적 젊은 프랑스 작가이다. 그는 단편 작가이자 청년들을 대상으로 한 작품을 전문적으로 쓰는 작가로 유명하다. 2004년에 공쿠르 단편상을 수상했으며, 2007년에는 프랑스 텔레비전 소설 상을 수상했다. 여기에 소개한 단편을 포함하고 있는 소설집 <겨울나기>를 비롯해 여러 작품들이 영화로 각색되었다.

Olivier Adam en 2014
(© Anonyme / Creative Commons Attribution-Share Alike 3.0 Unported)

1. Après avoir lu la nouvelle *Cendres*, répondez aux questions suivantes.

a. Que sait-on du narrateur ? Quelle est sa profession ? Sa situation de famille ? Son état psychologique ?

b. Comment est l'univers dans lequel il travaille ?

c. À quelle époque se situe la scène ?

d. Il fait une rencontre : que sait-on de cette personne ?

e. Pourquoi a-t-elle commandé un taxi ?

f. Au bout d'un bon moment, le chauffeur part à sa recherche : est-ce parce qu'elle n'avait pas payé la course ?

g. Dans quel état retrouve-t-il cette personne ?

h. Que s'est-il passé ensuite ?

i. Comment se termine l'histoire ?

j. Que pensez-vous du narrateur et de sa conduite ?

k. Quel est le ton de la nouvelle ?

2. Répondez à l'écrit aux questions de l'exercice précédent en faisant une synthèse de ce qui a été dit par le groupe en classe.

3. Faites le résumé de cette nouvelle sur la base des réponses apportées aux questions de l'activité 1. Écrivez environ 200 mots.

4. Cette nouvelle regorge de vocables descriptifs des réalités urbaines. Veuillez les lister et rédiger un petit texte (de 8-10 lignes environ) où vous décrirez un (bas) quartier d'une ville de votre choix.

5. Dans ce texte, l'environnement du narrateur est particulièrement en connivence avec ses sentiments et son état psychologique du moment/son humeur. Sur ce modèle, essayez de construire une petite histoire où vous ferez refléter un sentiment défini (de joie, de peur, de colère, ect...) à travers la description de l'arrière-plan de votre narration.

Dossier de synthèse 3. De retour

_De retour_*, nouvelle d'Olivier Adam extraite du recueil _Passer l'hiver_ d'Olivier Adam, Éditions de l'Olivier, p.99-113.

★

Cette nouvelle quelque peu énigmatique s'apparente à un puzzle dans la mesure où les éléments de l'intrigue sont parsemés ici et là, obligeant le lecteur à (re)construire lui-même le cadre et l'histoire familiale. Essayons de reconstituer la trame de cette histoire sur la base de ces indices.

수수께끼 문제와도 같은 이 단편은 줄거리의 요소들이 여기저기에 흩뿌려져 있으며, 독자들이 작품 속에 나오는 가정의 배경과 역사를 (재)구성해야 한다는 점에서 하나의 퍼즐과도 닮아 있다. 제시된 지표들을 바탕으로 이 이야기의 짜임을 재구성해 보자.

1. Après avoir lu la nouvelle *De retour*, répondez aux questions suivantes.

a. Que peut-on savoir de cette famille (nombre de membres / région / cadre de vie / niveau social / âge approximatif) ?

b. P. 104, le narrateur dit : « De toute façon, d'où je venais, tout m'allait ». D'où venait-il à votre avis ? Pourquoi ? Faites des inférences.

c. Quelle place la mère tient-elle dans cette nouvelle ?

d. Que peut-on savoir du caractère du père, du fils ?

e. Comment pourriez-vous décrire les rapports entre le père et son fils aîné ?

f. Où le narrateur est-il allé après la scène du repas du soir et pourquoi ? Quels éléments nouveaux cela nous permet-il d'apprendre sur lui ?

g. Comment pourriez-vous qualifier le ton et l'ambiance de la nouvelle ?

2. Répondez à l'écrit aux questions de l'exercice précédent en faisant une synthèse de ce qui a été dit par le groupe en classe (il aura été judicieux de prendre des notes auparavant).

3. Faites le résumé de cette nouvelle sur la base des réponses apportées aux questions de l'activité 1. Écrivez environ 250 mots.

4. Activité complémentaire. Atelier d'écriture créative (niveau B1-B2/à faire seul ou en groupe) : faites-vous à votre tour nouvelliste *en herbe* en imaginant une petite histoire (événementielle) que vous construirez de manière suggestive en semant des indices dans le récit.

Dossier de synthèse 4. Samba

Samba (웰컴 삼바), un film d'Éric Tolédano et Olivier Nakache avec Charlotte Gainsbourg et Omar Sy, adapté du roman de Delphine Coulin : *Samba pour la France.*

1. Regardez la bande-annonce du film *Samba* (recherchez : « SAMBA bande-annonce officielle 2014 » sur Youtube) et essayez de deviner :

   a. Qui sont Samba et Alice ?

   b. À un moment donné, Samba dit à Alice : « *Vous êtes spéciale. Mais qu'est-ce qui vous est arrivé ?* » Imaginez ce que pourrait lui répondre Alice. Faites des suppositions en utilisant des expressions comme : elle a peut-être...

2. Écoutez et lisez le synopsis ci-dessous.

Synopsis :

Samba, un sans-papiers sénégalais, vit en France depuis 10 ans en multipliant les petits boulots dans la restauration. Malgré de nombreuses tentatives, il n'a jamais pu *régulariser sa situation* [1]. Alors qu'il séjourne dans un centre de rétention à Roissy et qu'il *est sur le point d'* [2] être expulsé, deux femmes appartenant à une association d'aide aux sans-papiers interviennent. Parmi elles, se trouve Alice, une ex-cadre supérieure à la Défense, *en arrêt maladie* [3] suite à un *burn-out* [4]. La jeune femme, épuisée psychologiquement, tente de récupérer en apportant une aide juridique à l'association. Elle va tout faire pour aider Samba à obtenir des papiers... Que va-t-il bien pouvoir se passer entre ces deux êtres que tout oppose (= qui sont si différents) ?

3. Essayez d'imaginer une suite plausible à ce début de scénario. Écrivez au moins 6 lignes.

---

1) régulariser sa situation : (행정상의) 자기 신분을 적법하게 만들다
2) être sur le point de + v. inf. : 막 ~ 하려하다
3) être en arrêt maladie : 병가 중이다
4) faire un burn out : 소진 증후군에 빠지다

4. Après avoir vu le film.

a. Informez-vous. Le *burn out* est un concept à la mode actuellement mais que recouvre-t-il exactement ? (= comment peut-on le définir précisément ? Quelles en sont les causes, les symptômes, les traitements, etc.).

b. Essayez de faire une analyse des deux protagonistes principaux : Alice et Samba (éléments biographiques, caractère, évolution personnelle et relationnelle).

5. Étude d'un passage du roman *Samba pour la France* de Delphine Coulin.
Après avoir lu ce passage du chapitre 33 (pp. 224-227) : écrivez en une vingtaine de lignes l'histoire de Lamouna, l'oncle de Samba, en vous focalisant sur les difficultés que les immigrés rencontrent dans leur vie d'exil selon lui. Attention ! Ne faites pas de plagiat mais essayez au contraire de « digérer, synthétiser » sa pensée et de la restituer avec vos propres mots.) Écrivez 15 lignes environ.

6. Lisez la revue de presse suivante. Quelle est l'opinion de chacun des journaux mentionnés ? Êtes-vous partiellement/entièrement/pas du tout d'accord avec ces opinions?

REVUE DE PRESSE – Le dernier film du duo Nakache-Toledano ne fait pas l'unanimité dans la presse, malgré une communication millimétrée.

À quelle émission de télé le duo Charlotte Gainsbourg et Omar Sy n'a pas participé ? Et combien de mètres de louanges dans la presse ? Même nos confrères du *Monde* ont sorti l'arme lourde, une double page, pour dire leur émotion et vanter le génie, du moins le savoir-faire d'Éric Toledano et Olivier Nakache...

C'est oublier que *Samba*, qui démarre moins bien au box-office qu'*Intouchables* en 2011, est loin de faire l'unanimité dans la presse. Si les réalisateurs ont pris soin de préparer le terrain en termes de communication, certains médias ont osé pointer du doigt le terrain houleux sur lequel le film s'est aventuré. Pour *Télérama*, le rythme de cette vraie/fausse comédie romantique se résume à « rien que de la gentillesse, partout, tout le temps… Pas de vrai scénario, pas de vrais personnages, pas de vraie mise en scène ».

Plus qu'une « prise de risque » incarnée par la rencontre entre un sans-papiers et une cadre en burn out (Omar Sy et Charlotte Gainsbourg), *Le Figaro* n'y a vu qu'un pâle copié-collé d'*Intouchables*. *Libération*, de son côté, a retenu de ce film un message : « Les Blancs sont névrosés et les sans-papiers souriants. Olivier Nakache et Eric Toledano, des réalisateurs qui opèrent en tandem, opposent une morale aussi timide et rétive à la porosité que celle formulée en épilogue par Samba qui n'en est pas la moins tiède et désespérante des leçons ».

« Film Danette »

Supposée aborder l'un des sujets majeurs de notre société pour les uns, ou schématiser la France d'aujourd'hui pour les autres, la trame de *Samba* ne traduirait qu'une illusion selon *Les Cahiers du Cinéma*. « Si la figure d'Omar Sy s'élève au-dessus de sa condition de bouffon-médicament, il n'est pas davantage question d'interroger ces rencontres improbables sous un autre angle que celui du conte de fées et, partant, de renvoyer tristement cet élan d'optimisme à son irréalité ». *Le Point* par la plume de François-Guillaume Lorrain, frappe plus fort encore. Pour l'hebdomadaire, l'histoire de Samba n'est pas seulement irréelle mais doit être rangée au rayon plus très frais des « films Danette » avec une fin où tout le monde se lève et crie « tous ensemble, tous ! ». Autrement dit, un scénario qui résoudrait, on cite encore, « une équation à deux inconnues devenue la potion magique de notre cinéma hexagonal : le tandem improbable, modèle Astérix et Obélix, le 9-3 qui vit le grand frisson avec Neuilly. Schizophrénie française : dans un pays de privilèges, on se rejoue à l'écran une Révolution de velours ». Preuve s'il en fallait encore une que *Samba* n'est pas intouchable.

Julia Beyer, lefigaro.fr, 16/10/2014

7. Rédigez à présent vos propres impressions sur le film, ses personnages et aussi le jeu des acteurs. Écrivez 15 lignes environ.

Dossier de synthèse 5. Entre les murs

Entre les murs est une comédie dramatique française de Laurent Cantet*, adaptation du roman-documentaire éponyme de François Bégaudeau. Ce film est le lauréat de la Palme d'Or du Festival de Cannes (2008).

★

Laurent Cantet (né en 1961) est un réalisateur français. Il a à son actif trois courts-métrages et sept longs-métrages dont *Ressources humaines* (2000) et *Entre les Murs* qui a obtenu la Palme d'or à Cannes à l'unanimité du jury en 2008.

로랑 캉테(1961 ~)는 프랑스의 영화감독이다. 3편의 단편영화와 7편의 장편영화를 연출했으며, 대표작으로는 <인력자원부> (2000)와 <벽들 사이에서>가 있다. <벽들 사이에서>는 2008년 칸느 영화제에서 심사위원 만장일치로 황금종려상을 수상했다.

Laurent Cantet en 2006
(© Anonyme / Creative Commons Attribution-Share Alike 3.0 Unported)

1. Activité préliminaire sur la bande annonce.

a. Voyons quelques mots et expressions du registre oral (구어체) utiles à la compréhension :

- Vous chariez* trop. : *charier (v.i : exagérer과장하다) → Vous exagérez. 과장이 심하시네요.
- Un truc de ouf*. : *ouf = fou en verlan (ou métathèse) → 단어 거꾸로 말하기 : 예 : 삼겹살 → 살겹삼 ; ex : café —> féca ; frigo → gofri
- Ferme ta gueule* ! : * gueule (bouche des animaux) → Tais-toi! → (입 닥쳐!)
- Se prendre la tête : s'énerver sur un problème, se compliquer la vie → (골치 아프다)
- péter un/les plomb(s)* : * ici : fusible d'un circuit électrique → craquer nerveusement, s'emporter soudainement → 회까닥 돌다
- un livre de pétasse* (속어) : *pétasse (prostituée et par extension désigne une fille/femme de bas niveau socio-culturel매춘부나 사회-문화적 지위가 매우 낮은 소녀/부인을 지칭할 때 쓰이는 표현) → un livre pour des filles qui n'ont rien dans la tête 머리에 든 것이 없는 소녀들을 위한 책

b. Regardez à présent la bande annonce (recherchez : « Entre les murs – bande annonce » sur Youtube) et donnez vos impressions : quel est le sujet du film selon vous ? Quelle est l'ambiance de la classe ? Quelles premières impressions l'enseignant vous donne-t-il ?

2. Écoutez et lisez la présentation du film *Entre les murs* ci-dessous.

François est un jeune professeur de français d'une classe de 4ème dans un collège ordinaire réputé difficile du 20ème arrondissement de Paris. Il devra « affronter » ses élèves : Esméralda, Souleymane, Khoumba et les autres, de jeunes Français d'origine étrangère installés dans une logique psychologique d'opposition quasi-systématique à leur société d'accueil. Pour ce faire, François n'hésite pas à sortir du cadre académique et à pousser les adolescents jusqu'à leurs limites afin de les motiver, et à faire du français un véritable enjeu républicain au cœur de la construction de leurs identités respectives, quitte à se retrouver parfois dépassé par des conflits et des débats qu'il ne maîtrise plus. Ce film nous montre également le désarroi du corps enseignant qui peine à faire de l'école républicaine le *creuset* de l'intégration/l'assimilation des minorités.

3. Imaginez la fin du film.

4. Après avoir vu le film. Essayez de répondre oralement ou par écrit aux questions suivantes après vous être fait une fiche où vous aurez cherché les mots et les expressions nécessaires à l'expression de vos idées.

a. Que pensez-vous de l'attitude des élèves ? Du professeur ?

b. Pourquoi ont-ils des difficultés à se comprendre et à créer ensemble un climat propice à l'apprentissage ?

c. En particulier, pensez-vous que la pédagogie du professeur soit toujours appropriée par rapport à son public ?

d. Selon vous, quel est le message du film ?

e. Quels conseils pourriez-vous donner aux professeurs de ce type de lycée ?

f. Avez-vous été surpris ou choqué par le film ? En quoi l'atmosphère et la pédagogie des lycées coréens diffèrent-elles ?

5. Faites le compte-rendu du film *Entre les murs* dans lequel vous présenterez le film et son histoire, les personnages et les acteurs qui jouent dans ce film et à la fin duquel vous donnerez votre opinion sur ce film (vous pouvez réutilisez les réponses de l'activité 4).

6. Activité complémentaire. La Corée tend à devenir elle-aussi une société multi-ethnique/culturelle et a engagé récemment une politique d'assimilation de ses minorités et de ses réfugiés de Corée du Nord. Essayez de faire un compte-rendu simple où vous ferez un petit bilan chiffré de la situation actuelle et où vous présenterez un exemple d'action concrète de cette politique. Cette activité peut se faire sous forme de dissertation à l'écrit ou d'exposé oral.

Dossier de synthèse 6. La gloire de mon père

La gloire de mon père (1957, adapté au cinéma en 1990), roman autobiographique de Marcel Pagnol (1895-1974)

Il s'agit du premier tome de la quadrilogie autobiographique *Souvenirs d'enfance* comprenant les trois tomes suivants :
Le château de ma mère (1958)
Le temps des secrets (1960)
Le temps des amours (1977, posthume)

Contexte socio-culturel et historique de l'œuvre :
작품의 사회-문화적 배경과 역사적 배경

La Belle Époque est une période marquée par les progrès sociaux, économiques, technologiques et politiques en Europe, s'étendant de la fin du XIXe siècle au début de la Première Guerre mondiale en 1914.

벨 에포크는 유럽 내에서 사회, 경제, 기술, 정치 등 거의 모든 분야에서 눈부신 발전이 이루어졌던 19세기 말부터 1차세계대전이 일어났던 1914년까지의 시기를 일컫는다.

En France notamment elle est considérée comme le temps de l'avènement de l'*idéal des Lumières* (libéralisme et révolution de 1789) et par un foisonnement de réalisations artistiques, d'inventions et de découvertes scientifiques (médicales surtout) ayant permis une amélioration significative de l'espérance et du niveau de vie de la population en général et de la bourgeoisie citadine en particulier.

프랑스에서 벨 에포크는 *계몽의 이상*(자유주의와 1789년 프랑스 혁명)이 도래하고 예술 창작과 과학적 발명과 발견(특히 의학 분야의)이 풍성하게 이루어져 일반 대중, 특히 도시 부르주아들의 평균수명이 늘어나고 삶의 질이 비약적으로 발전하게 되었던 시대를 말한다.

Sur le plan socio-culturel, elle a été notamment marquée par l'émergence de la laïcité, du progressisme et de l'esprit républicain (incarnés par le père de Marcel, instituteur dans le film) comme contre-pouvoir au magistère de l'Église catholique (qu'incarne l'oncle Jules). C'est sans conteste Jules Ferry qui a joué l'un des rôles les plus importants dans la sécularisation de la société en réduisant significativement la place de la religion dans l'espace public en général, en accroissant les libertés individuelles et en rendant surtout l'enseignement public, laïc et obligatoire pour tous en 1881.

사회-문화적 측면에서 살펴보면, 벨 에포크 시대는 특히 세속주의와 진보주의, 공화주의 정신(영화속 교사로 나오는 마르셀의 아버지가 구현하는)이 출현하여 가톨릭 교회의 권위(쥘 삼촌이 구현하는)에 대항세력으로 자리잡았던 시기로 특징지워진다. 사회의 세속화 과정에서 가장 중요한 역할을 담당했던 인물을 꼽으라면 단연 쥘 페리를 들 수 있다. 그는 공공의 영역에서 종교의 자리를 결정적으로 축소시키고, 개인의 자유를 증대시켰으며, 무엇보다 1881년 모든 학생들을 위한 세속적 공교육을 의무화시켰다.

➤ Le film est à ce titre un témoignage précieux de ce conflit et de cette évolution des mentalités qui sont celles qui prévalent encore aujourd'hui.

이 영화는 그 자체로 다양한 사고방식들의 충돌과 변화과정 –오늘날에도 여전히 중요한 문제로 남아 있는- 을 보여주는 소중한 증언과도 같은 영화이다.

Résumé de l'œuvre :

Marcel Pagnol raconte son enfance, sa naissance à Aubagne en Provence et les origines de ses parents Joseph et Augustine. Son père Joseph Pagnol, instituteur, est nommé à l'école du Chemin des Chartreux et la famille s'installe à Marseille. Tous les jeudis et tous les dimanches, il fait une promenade dans le parc Borély, au bord de l'étang avec sa tante Rose. C'est d'ailleurs là qu'elle rencontre l'oncle Jules, son futur mari.

Tout semble opposer l'instituteur anticlérical au truculent et catholique oncle Jules. Pourtant les deux familles décident de louer ensemble une maison de campagne dans la garrigue, la *Bastide Neuve,* pour y passer les vacances d'été. Après un long trajet dans les chemins rocailleux, ils parviennent à leur petite villa située après le village de la Treille. Ces vacances sont une révélation pour le jeune Marcel qui tombe amoureux des collines, de sa végétation sauvage et de ses massifs rocheux.

Un jour Marcel suit en secret son père et l'oncle Jules partis, sans lui, faire l'ouverture de la chasse, et après s'être égaré (= avoir perdu son chemin), il finit par retrouver les chasseurs au son des coups de fusil tirés par son père qui abat deux bartavelles [1]. Ce doublé magnifique fait la renommée de Joseph [2] dans le village de la Treille, pour la plus grande fierté de son fils.

Le curé du village veut prendre une photo de Joseph, Marcel et des bartavelles, qu'ils garderont en souvenir

---

1) Sorte de perdrix (붉은 자고새).

2) D'où le titre : *La gloire de mon père.* 이로부터 <내 아버지의 영광>이라는 제목이 유래되었다.

pour la vie, en contradiction flagrante avec les convictions *progressistes* et les moqueries antérieures de l'instituteur envers un de ses collègues qui s'était fait photographier avec un poisson de taille exceptionnelle qu'il avait pêché.

➤ C'est un film émouvant, « candide » et fraternel dans la mesure où l'opposition idéologique des deux protagonistes principaux n'empêche pas leur amitié de fleurir et de s'exprimer dans le décor pastoral des Alpes de Haute-Provence.

1. Écoutez et lisez la présentation de *La gloire de mon père* ci-dessus.

2. Découvrez le décor autobiographique de *La gloire de mon père*. Préparez un exposé triptyque audio-visuel sur : le cadre géographique de l'époque (Marseille, Aubagne, la garrigue), le cadre historique et l'accent provençal (notamment en comparaison avec l'accent dit standard). Vous veillerez à faire une présentation, si possible, diachronique des plans pour souligner les évolutions qui ont eu lieu.

3. Après lecture (et oralisation) du chapitre 20 : essayer de montrer comment s'exprime ici le conflit idéologique entre les anticléricaux républicains et les catholiques conservateurs. Pour ce faire, vous pouvez résumer en quelques lignes les valeurs différentes que défendent (= auxquelles sont attachés) Joseph et l'oncle Jules. Écrivez 10 lignes environ.

4. Rédigez vos impressions sur le film en vous focalisant sur ce qui vous a marqué/touché. Écrivez 20 lignes environ.

Dossier de synthèse 7. La vérité sur l'affaire Harry Quebert

La Vérité sur l'Affaire Harry Quebert, roman de Joël Dicker★

Jeune écrivain suisse né en 1985, passionné de littérature et de musique depuis sa plus tendre enfance, Joël Dicker connaît le succès dès son entrée sur la scène littéraire avec sa première nouvelle *Tigre* (Prix International des Jeunes Auteurs) en 2005. Il enchaîne ensuite les récompenses avec son premier roman *Les derniers jours de nos pères* (Prix des Écrivains Genevois en 2010/ mention spéciale du prestigieux prix Erwan Bergot) avant d'être encensé par la critique littéraire française et internationale avec *La Vérité sur l'AffaireHarry Quebert* qui lui vaut notamment le Grand Prix de l'Académie Française en 2012 ainsi qu'une adaptation cinématographique à venir.

1985년에 태어난 젊은 작가 조엘 디케르는 매우 어린 시절부터 문학과 음악에 열정을 보여 왔으며, 2005년 단편 <호랑이> (국제 젊은 작가상 수상)와 함께 문단에 성공적으로 데뷔했다. 이후 그는 첫 장편소설인 <우리 아버지들의 마지막 날들> (2010년 제네바 작가상 / 에르완 베르고트 특별언급상) 로 수상경력을 이어갔다. 2012년에는 <해리 쿼버트 사건의 진실>로 아카데미 프랑세즈 대상을 수상했으며, 프랑스를 비롯해 전세계 비평가들의 극찬을 받았다. 이 작품은 곧 영화로도 제작될 예정이다.

Joël Dicker en 2013

Résumé :

À New York, au printemps 2008, alors que l'élection présidentielle s'approche, Marcus Goldman, jeune écrivain à succès, est désespéré : il est incapable d'écrire le nouveau roman qu'il doit remettre à son éditeur d'ici quelques mois.

Le délai est près d'expirer quand soudain un événement imprévu vient transformer sa vie : son ami et ancien professeur d'université, Harry Quebert, l'un des écrivains les plus respectés du pays, est rattrapé par son passé [1] et se retrouve accusé d'avoir assassiné, en 1975, Nola Kellergan, une jeune fille de 15 ans, avec qui il a eu une liaison.

Convaincu de l'innocence de Harry, Marcus abandonne tout pour se rendre dans le New Hampshire et mener son enquête autant pour aider son ami que pour sauver sa carrière d'écrivain. Mais il est rapidement dépassé par les événements [2] : l'enquête se complique et il fait l'objet de menaces. Pour innocenter Harry et écrire son livre, il doit absolument répondre à trois questions : Qui a tué Nola Kellergan? Que s'est-il passé dans le New Hampshire l'été 1975 ? Et comment écrit-on un roman à succès ?

Sous ses airs de thriller à l'américaine, *La Vérité sur l'Affaire Harry Quebert* est une réflexion sur l'Amérique, sur les travers [3] de la société moderne, sur la littérature, sur la justice et sur les médias.

Ce roman a obtenu le Grand Prix du roman de l'Académie française 2012.

---

1) Être rattrapé par son passé = finir par devoir assumer les conséquences de ses actes passés = 과거에 저지른 잘못에 대해서 뒤늦게 댓가를 치르다 = 과거의 실수에 발목이 잡히다.

2) Être dépassé par les événements = ne pas pouvoir faire face aux/surmonter/gérer les événements = 자신의 능력 밖의 일이다 ; 자신의 능력에 버거운 일이다 ; 사태에 대처하지 못하고 끌려가다.

3) Les travers (de la société) = les vices, les maux (사회의) 악덕, 악

1. Écoutez et lisez le texte ci-dessus. D'après ce que vous avez lu, de quel genre de roman s'agit-il ?

2. Étude d'un passage du roman *La vérité sur l'affaire Harry Quebert*, Éditions de Fallois (roman broché), 2012 : pp.74-80. Après avoir lu et oralisé cet extrait, répondez aux questions suivantes.

a. Comment Harry Quebert et Nola Kellergan se sont-ils rencontrés ?

b. Pouvez-vous décrire Nola (âge, apparence physique, etc.) ? Quelles impressions la jeune fille vous a-t-elle faites ? Que pensez-vous de son comportement ?

c. Que s'est-il passé l'été 1975 avant la disparition de Nola ?

d. Qu'a fait Harry Quebert la nuit précédant la disparition de la jeune fille ?

e. Qu'est-ce qui est arrivé à Nola selon vous ? (On sait que la mort de Nola remonte à peu près au moment de sa disparition : l'autopsie ayant révélé qu'elle avait alors une quinzaine d'années).

3. Activité complémentaire : exposé/rapport. Ce roman relève du genre des romans policiers de plus en plus apprécié du grand-public. Choisissez un des deux sujets au choix.

a. Présentez un panorama historique de ce genre dans les littératures respectivement française et coréenne (auteurs et caractéristiques).

b. Présentez une œuvre choisie (française ou coréenne) représentative de ce genre.

Dossier de synthèse 8. Les gens heureux lisent et boivent du café

***Les gens heureux lisent et boivent du café*, Agnès Martin-Lugand (Éditions Michel Lafon, 2013, chapitre 4)**

Numéro 1 devant *50 nuances de Grey* pendant plusieurs mois sur la plateforme Kindle d'Amazon, *Les gens heureux lisent et boivent du café*, mélodrame populaire et premier roman d'Agnès Martin-Lugand, a été plébiscité par des milliers de lecteurs sur le web avant d'être aussi édité en version papier aux Éditions Lafon. Son succès aussi fulgurant qu'inattendu lui a déjà valu d'être traduit dans une vingtaine de langues et de faire l'objet d'une adaptation cinématographique à venir en anglais.

Résumé :

Diane est une jeune femme trentenaire qui a tout pour être heureuse : Colin, un mari aimant, une adorable petite fille prénommée Clara et une société – un café littéraire – qu'elle vient de créer avec son meilleur ami Félix.

Mais sa vie va bientôt virer au cauchemar : Colin et Clara vont avoir un accident de voiture et y laisseront malheureusement la vie. Ne réussissant pas à faire son deuil malgré l'aide de Félix, Diane va sombrer dans la dépression et perdre complètement goût à la vie. Ne supportant plus son quotidien, elle décidera alors de s'exiler seule dans un petit village au bord de la mer en Irlande, non pas pour se reconstruire, mais pour s'enfermer dans sa solitude avec ses souvenirs. Ce sera l'occasion pour elle de rencontrer un homme bourru et sauvage qui va lui réapprendre à aimer la vie et l'aider à prendre un nouveau départ... Mais détrompez-vous, la suite n'est pas sans surprise...

Les gens heureux lisent et boivent du café est donc un roman sensible et humaniste qui évoque cette question douloureuse de la reconstruction d'une femme après un deuil, et plus précisément, de la difficulté de rester fidèle à ceux que l'on a aimés tout en continuant sa vie. C'est sans aucun doute la clé essentielle de son succès auprès du grand public même si ce n'est pas une grande œuvre littéraire (mais ce n'est pas sa vocation première) et qu'il a été en ce sens mal reçu par la critique littéraire professionnelle.

1. Écoutez et lisez l'extrait ci-dessus. De quoi s'agit-il ?

2. Répondez aux questions suivantes.

a. En quelle année ce roman a-t-il été publié ?

b. Sous quelle forme a d'abord été publié ce roman ?

c. Qui en est le personnage principal ?

d. Quel événement va changer sa vie ?

e. Quels sont les adjectifs pour qualifier le genre de ce roman ?

f. Quel accueil a-t-il reçu de la part du grand public ? De la part de la critique professionnelle ?

3. Lisez le chapitre 4 du livre (pp. 31-41 dans la version pdf).

4. Cherchez le sens des mots ou expressions idiomatiques suivants qui apparaissent dans ce passage du roman et faites des phrases personnelles à partir de ces structures.

a. digne de… (p. 38)
b. daigner + infinitif (p. 39)
c. régler ses comptes avec qn (p. 39)
d. en vouloir à la terre entière (p. 39)
e. pousser quelqu'un à bout (p. 40)
f. être plutôt du genre à… (p. 40)

5. Le dialogue du passage de la fin de la page 38 au début de la page 40 est riche en éléments biographiques-clés sur le personnage d'Edward et sur son caractère : essayez de reconstituer sa jeunesse et de faire le portrait succinct de son caractère en un petit résumé oral/écrit.

6. Oralisation du dialogue : entraînez-vous à jouer la scène (l'exercice ne sera vraiment profitable que lorsque vous aurez dépassé l'exercice de mémorisation et que vous vous sentirez capable de vivre la scène « de l'intérieur »).

7. À la manière du compte-rendu du livre *Les gens heureux lisent et boivent du café*, faites le compte-rendu d'un livre que vous avez aimé en trois parties : dans la première partie, faites une petite introduction présentant le livre de manière générale (titre, auteur, date de parution, succès rencontré, etc.) ; dans la deuxième partie, résumez-en l'histoire (personnages principaux, lieux, époque, intrigue, etc.) ; enfin, dans la dernière partie et en guise de conclusion, essayez de rattacher ce livre à un genre et à un thème général auquel il fait référence et donnez votre opinion sur le livre. Écrivez au moins 18-20 lignes.

Corrections

1ère partie _ Boîte à outils

Dossier 1

4. et 5. a. C(e) n'est pas l(e) chien d(e) Juli(e). b. La caravan(e) est garé(e) sur la plac(e) de l'hôtel de vill(e). Ou : La caravan(e) est garé(e) sur la place d(e) l'hôtel de vill(e). c. Le livr(e) de mon frèr(e) est posé sur la tabl(e) de la cuisin(e). Ou : Le livre d(e) mon frèr(e) est posé sur la table d(e) la cuisin(e). d. Ell(e) écout(e) de la musiqu(e) classiqu(e). Ou : Ell(e) écoute d(e) la musiqu(e) classiqu(e). e. J(e) ne veux pas d(e) ton aid(e). Ou : Je n(e) veux pas d(e) ton aid(e). f. C(e) n'est plus la pein(e) de v(e)nir. Ou : C(e) n'est plus la peine d(e) venir.

Dossier 2

5. Au bord de la mer, l'hiver ne veut pas finir. L'air est froid. Je ne veux pas partir. J'aimerais reste(r) ici à regarde(r) les vagues et les bateaux. Je veux joue(r) avec mon chien, Médor, sur la plage, dehors. Je veux touche(r) le sable mouillé. Je veux me roule(r) par terre. Hier, il faisait beau. J'ai pu palpe(r) la chaleur du soleil sur mon corps. J'aimerais la sentir encore. Or, c'est déjà la fin des vacances. Dans deux jours, je vais devoir repartir, retourne(r) à

ma vie de tous les jours, recommence(r) à travaille(r), reprendre le bus et le métro matin et soir. La foule, les embouteillages, le stress quotidien... Mais je vais aussi retrouve(r) ma famille et mes amis, revoir mon quartie(r), reprendre mes petites habitudes.

Dossier 3

6. Tou(s) les matins, j'ouvre mon cabinet. Tou(s) les jours, mes patients défilent. Et tou(s) les jours, c'est la même chose. Ils se croient tous malades. Ils ont tous mal à la tête ou mal au ventre. Ou bien ils se trouvent tous trop gros, trop laids. Ils se plaignent tous. Tout le temps. Tou(s) les matins. Tou(s) les soirs. Tous. En fait, ils ont tous le même problème. Ils ont une vie trop sédentaire ; ils ne bougent pas assez ; ils passent trop de temps devant leurs écrans ; ils se déplacent toujours en voiture... Alors, je leur dis à tous la même chose : sortez un peu, faites du sport, allez au travail ou faire vos courses à pied... Ils me disent tous que j'ai raison, qu'ils n'y avaient pas pensé. Ils prennent tous de bonnes résolutions. Et puis, quelques semaines plus tard, ils reviennent me voir et ils recommencent à se plaindre. Tous. C'est tou(s) les jours la même chose.

Dossier 4

6. Finalement, elle était guérie. Elle n'avait plu(s) mal au dos. Elle n'avait plu(s) de courbatures ni de fièvre. Elle n'était plu(s) fatiguée. Elle se sentait bien. En fait, elle était en pleine forme. Le traitement du docteur Lefèvre lui avait fait plus de bien que celui du docteur Arnoux. Oui. Il était plus‿efficace. Et c'était tant mieux car dans un peu moins d'une semaine, elle allait être débordée de travail : elle avait obtenu un nouveau contrat avec des clients asiatiques. Cela signifiait plus d'argent, bien sûr, mais aussi plus d'heures de travail, plus de stress, plus de nuits blanches, plus de pression...

Oui, ça allait être plu(s) stressant, c'est vrai. Mais aussi plus ‿excitant, plu(s) passionnant même. En tous cas, c'est ce qu'elle pensait. Ainsi, elle allait recommencer à travailler comme une folle… jusqu'à ce qu'elle n'en puisse de nouveau plu(s)…

Dossier 5

4. a. Ces‿enfants sont mes‿amis. **b.** Vous‿aimez les‿avocats ? **c.** Cette‿étoile qui brille, c'est l'étoile du Berger. **d.** Il n'est pas trop‿aimable. **e.** Je loge chez‿un cousin pendant quelques jours. **f.** Ce film raconte une belle‿histoire très‿amusante. **g.** Nous‿habitons dans‿un grand‿immeuble moderne. **h.** De temps‿en temps, elles‿aiment aller au zoo pour observer de grands‿oiseaux dans‿une cage.

5. a. Les Coréens X aiment beaucoup le baseball. **b.** J'ai un cousin X italien. **c.** Ils se sont rencontrés X à Rennes. **d.** Tu dois t'habituer X à cette situation. **e.** Allez-vous X arriver X à l'heure ? **f.** En général, ils voyagent X au printemps X en bus ou en train. **g.** Il y a cent X -un X Hollandais et quatre-vingt- X onze X Hollandaises. **h.** Mon frère X est grand X et X intelligent.

6. a. Ils‿adorent faire des‿enfantillages. **b.** Les‿étudiants aiment leurs‿enseignants. **c.** Cette femme est‿étonnante ! **d.** Il a un fort accent étranger. **e.** Vont‿-ils arriver à faire des gros‿efforts ? **f.** Le grand‿Hôtel est‿au bout de l'avenue des Hollandais. **g.** Il est très‿amusant et il a beaucoup d'amis mais il est trop ‿impatient. **h.** Elle allait chez‿un client et elle a vu un‿accident effrayant en chemin.

7. a. Vous‿habitez en‿Italie ? **b.** Sa petite‿amie est‿allemande. **c.** Ils‿atterriront au Portugal après une‿escale en‿Espagne. **d.** Pourquoi est‿-il trop‿occupé en ce moment ? **e.** C'est‿une question vraiment très‿intéressante. **f.** Les candidats ont beaucoup de pression avant l'entretien oral. g. Dans‿une semaine, nous serons‿en‿hiver. Nous‿irons à la montagne dans les‿Alpes. h. Nos‿amis sont‿allés à Montpellier au bord de la mer en bus à six‿heures du matin.

8. Aujourd'hui, c'est le vingt‿et un‿avril. C'est mon ‿anniversaire. J'ai vingt‿ans. Cette‿année, mes parents X ont décidé de m'organiser une fête surprise chez‿eux. Ils‿ont tout préparé. J'étais très‿ému. Ils‿ont invité tous mes‿amis. Ils‿étaient tous là. Mes‿amis du collège, ceux du lycée X et mes nouveaux‿amis de l'université. C'était génial. Il y avait beaucoup de choses X à manger X et X à boire. Le temps était super. On se serait crus en‿été. Nico avait amené ses platines X et s'est occupé de la musique tout l'après-midi et toute la soirée. Thomas X a préparé plusieurs jeux amusants : des quiz, des ‿épreuves de force, un jeu de société et d'autres choses. On‿a joué. On‿a mangé. On‿a bu. On‿a dansé. On‿a chanté aussi. Bref, on s'est bien amusés. Et X à la fin de la soirée, j'ai reçu mon cadeau : une‿énorme‿armoire. Tous mes‿amis X et ma famille se sont cotisés pour me l'offrir. Ils m'ont dit que c'était pour régler mes problèmes de rangement dans mon studio. Sur le coup, j'étais un peu surpris mais ils trouvaient tous ça trop‿amusant. Alors on‿a tous ri un bon coup.

Dossier 6

3. a. I/l a/beau/coup/tra/va/illé. (7 syllabes) b. C'es/t‿u/n(e) ‿an/cie/nn(e)‿a/mi(e). (6 syllabes)

c. Je/sui/s‿a/llé/au/ci/né/ma/en/voi/tur(e). (11 syllabes) d. C'es/t‿une/lu/miè/r(e)‿é/blou/i/ssant(e). (8 syllabes)

e. Ton/thé/t'a/t-il/ô/té/ta/toux ? (8 syllabes) f. E/ll(e)‿a/a/ssis/té/à/un/spec/tacl(e)/de/cirqu(e)/hier/soir. (13 syllabes)

g. A/cce/pte/riez/vous/de/pren/dr(e)‿un/ve/rr(e)‿a/ve/c‿eux/ce/di/manch(e) ? (15 syllabes)

h. Ce/sont/le/s‿homm(es)/les/plu/s‿heu/reux/que/je/co/nnaiss(e). (12 syllabes)

4. Par/les/soirs/bleus/d'é/té// j'i/rai/dans/les/sen/tiers// (12 pieds)

Pi/co/té/par/les/blés//fou/ler/l'her/be/me/nu(e)// (12 pieds)

Rê/veur//j'en/sen/ti/rai/la/fraî/cheu/r‿à/mes/pieds/// (12 pieds)

Je/lai/sse/rai/le/vent/bai/gner/ma/tê/te/nu(e)/// (12 pieds)

Je/ne/par/le/rai/pas//je/ne/pen/se/rai/rien// (12 pieds)

Mais/l'a/mou/r‿in/fi/ni/me/mon/te/ra/dans/l'âm(e)// (12 pieds)

Et/j'i/rai/loin//bien/loin//co/mme/un/bo/hé/mien// (12 pieds)

Par/la/na/tur(e)//heu/reux/co/mm(e)‿a/ve/c‿u/ne/femm(e)/// (12 pieds)

Dossier 7

4. a. C'est moi qui l'ai fait. b. C'est toi qui as menti. c. C'est lui qui a prévenu la police. d. Ce sont nous qui sommes ses héritiers. e. Ce sont eux qui ont volé tout mon argent. f. Ce sont elles qui ont remporté le grand prix.

5. a. Je suis trop fatigué. b. Elle est vraiment contente. c. Il ne faut pas parler fort en classe. d. Cinquante euros ? C'est cher !

6. A- Je suis plus grand que toi. B- Non. Je suis plus grand que toi. A- Ah oui ? Et tu fais quelle taille ? B- Je mesure un mètre soixante-dix-huit. A- Ah oui ? Eh bien moi, je mesure un mètre soixante-dix-neuf. B- Vraiment ? Tu as raison alors. Tu es plus grand que moi. Mais je suis plus sportif que toi. A- Tu as tort. Je

suis plus sportif que toi. Je fais du tennis, de la natation, du foot, de la course à pied et même du basket trois fois par semaine ! (N.B. : il y a bien sûr d'autres possibilités pour placer l'accent d'insistance.)

Dossier 8

3. a. Je suis timide mais je me soigne. **b.** Il a visité l'Allemagne, l'Angleterre et l'Italie. **c.** J'ai rendez-vous avec Jules et Léo le weekend prochain à Strasbourg. **d.** Danton, Robespierre et Marat sont des personnages importants de la Révolution française. **e.** C'est en plastique. C'est de forme allongée. Ça marche avec de l'électricité. C'est incassable. **f.** Le matin Robert se lève ; puis, il se lave ; ensuite, il s'habille.

4. L'Académie française a été fondée en 1635 par la Cardinal de Richelieu qui en est devenu « le chef et le protecteur » (fonction aujourd'hui exercée par le chef de l'État). La principale fonction de l'Académie est de donner des règles certaines à la langue française, de la rendre pure et d'en fixer les normes en publiant et en mettant à jour régulièrement un dictionnaire et une grammaire de la langue française. Les membres de l'Académie sont les académiciens mais on les appelle plus communément « les Immortels ». Ils sont au nombre de 40. Ce sont surtout des hommes de lettres comme Marivaux, Voltaire, Chateaubriand, Victor Hugo ou, plus récemment, François Mauriac, Erik Orsenna ou encore Marcel Pagnol mais aussi des sociologues, des anthropologues ou des philosophes comme Claude Lévi-Strauss ou Henri Bergson. On y trouve également des scientifiques comme Louis Pasteur ou des hommes politiques comme Valéry Giscard d'Estaing. La première femme élue à l'Académie française fût Marguerite Yourcenar en 1980. Depuis, sept autres femmes ont été élues.

Dossier 9

3. Frédéric avance jusqu'au portail. Il saute à pieds joints dans la neige qui recouvre le trottoir. Puis il fait un grand pas prudent, se retourne et voit son empreinte. Il est satisfait. Il renverse la tête en arrière autant qu'il le peut et ouvre la bouche pour y laisser entrer la neige. Il tire même la langue pour attraper des flocons et il reste ainsi un moment, avalant la neige.

4. a. Quel beau paysage ! s'exclama-t-elle. b. Nous aimons beaucoup prendre notre petit-déjeuner sur cette terrasse au soleil ! c. Quel est ce monument que nous apercevons au loin ? d. J'aimerais... Enfin... vous comprenez ? e. Avez-vous vu sa montre ? f. Léo pense qu'il faut apporter les choses suivantes : une bouteille de vin blanc, un gâteau, un bouquet de fleurs et une carte d'anniversaire.

5. Le professeur dit : « L'élève est idiot. » / Le professeur, dit l'élève, est idiot. // Il laisse son héritage à sa femme, non à son fils. / Il laisse son héritage à sa femme ? Non ! À son fils...

Dossier 10

3. a. Le premier janvier deux-mille-huit. b. Le 10 juillet deux-mille-cinq. c. Le 25 décembre deux-mille-quinze. d. Le premier juin mille-neuf-cent-soixante-dix-sept.

4. a. Le 14 juillet 1789 a eu lieu la prise de la Bastille. b. Le premier mai, c'est la fête du travail. c. Le 15 août, en France, on fête l'Assomption. d. La veille du 1er janvier, le 31 décembre, c'est le réveillon du jour de l'an. e. Pâques est une fête religieuse qui a lieu le premier dimanche après la pleine lune suivant le 21 mars. Sa date varie donc chaque année. Par exemple, en 2014, c'était le 20 avril. En 2015, c'est tombé le 5 avril et en 2016, le 27 mars.

5. Dictée : Robert Schuman né le 29 juin 1886 à Luxembourg

et mort le 4 septembre 1963 en Moselle est un homme d'État français. Il commence sa carrière politique au Parlement comme député de la Moselle de 1919 à 1940. Pendant la Seconde Guerre mondiale de 1939 à 1945, il vote, le 10 juillet 1940, pour donner les pleins pouvoirs au Maréchal Pétain ce qui lui vaudra d'être temporairement exclu de la vie politique française en devenant inéligible du 21 avril 1944 au 15 septembre 1945. Revenu aux affaires, il devient ministre des Affaires étrangères de 1947 à 1952. Durant son mandat, il se prononcera pour la création d'une communauté européenne contrôlant la production du charbon et de l'acier, reprenant l'idée de son ami Jean Monnet. Cette déclaration de Robert Schuman datée du 9 mai 1950 est considérée comme l'acte fondateur de l'actuelle Union européenne. Évincé du gouvernement en 1953, il se retire de la vie politique en 1962 et meurt en septembre 1963 à Scy-Chazelles, en Moselle.

Dossier 11

2. a. Ça fait 59,70 euros. b. Il mesure 1,69 m et pèse 52 kg. c. En Corée, il y a 50 441 482 habitants dont 25 142 948 hommes et 25 298 534 femmes. d. Elle est née le 23 avril 1968. e. Il a eu 48 ans en 2016. f. Il y a 384 400 km entre la terre et la lune et 149 600 000 km entre la terre et le soleil. g. Il faut 4 œufs, 125 grammes de sucre, 250 grammes de farine et 500 millilitres de lait.

3. a. 1,75 m. b. 0,35 kg. c. 0,5 l. d. 3,25 km. e. 3,5 €.

4. a. J'ai … ans. b. Je suis né(e) le … . c. Je mesure / je fais …m. d. Je pèse / je fais … kg. e. J'ai un Q.I. de … . f. J'adore le … . g. Dans ma famille, nous sommes … . h. Il y a … km entre ma maison et mon lieu de travail/d'études.

Dossier 6

3. J'accuse mon père de ne pas m'avoir acheté la voiture dont je rêvais. J'accuse ma mère de ne pas m'avoir autorisé(e) à sortir avec mes ami(e)s. J'accuse mon frère d'avoir utilisé mon vélo sans mon autorisation. J'accuse ma petite sœur de m'avoir emprunté mon pull préféré sans me le demander, d'y avoir fait une tache et de l'avoir lavé à haute température ce qui l'a fait rétrécir. J'accuse mon cousin de m'avoir piqué de l'argent. J'accuse mon oncle de ne pas m'avoir emmené en voyage comme il me l'avait promis. J'accuse ma tante d'avoir oublié de me souhaiter un bon anniversaire. J'accuse ma grand-mère de ne pas m'avoir donné d'argent de poche.

Dossier 8

2. Jeunesse / nouveauté : être neuf ; sortir de l'œuf ; sortir du cocon ; un blanc-bec ; un jeunot ; avoir vingt ans ; débutant ; (être né de) la dernière averse ; naissant ; innocent ; jeune ; un bleu.

Vieillesse / ancienneté : un vieux mec ; une tête chenue ; un grison ; un vieux fourneau ; être grand-père ; caduc ; les neiges d'antan ; âgé ; usagé ; vieux.

3. Bonheur / joie / bien-être : *voir la vie en rose ; être bien luné ; prendre les choses du bon côté ; être au septième ciel ; marcher sur l'eau ; prendre son pied ; croquer la vie à pleine dent ; être bien dans sa peau ; être bien dans ses baskets.*

Malheur / tristesse / mal-être : *avoir le moral dans les chaussettes ; broyer du noir ; être mal luné ; prendre les choses du mauvais côté ; être déprimé ; être au fond du trou ; être mal dans sa peau ; voir tout en noir ; faire grise mine.*

Dossier 9

2. a. En remplace un groupe de mots introduits par « de ». Exemples : Je n'en veux pas (= Je ne veux pas d'une suite au Ritz) / Je n'en veux pas (= Je ne veux pas de bijoux de chez Chanel) / J'en ferai quoi ? (= Je ferai quoi d'une limousine ?) / J'en ferai quoi ? (= Je ferai quoi du personnel ?) / J'en ai marre de vos bonnes manières (= J'ai marre de vos bonnes manières) / J'en ai marre des langues de bois (= J'ai marre des langues de bois) / Je vous en veux pas (= Je vous veux pas de faire les langues de bois) b. Les deux expressions figées sont : « j'en ai marre » (= en avoir marre de quelque chose) et « je (ne) vous en veux (pas) » (= en vouloir à quelqu'un).

3. Expressions avec « en » : En penser (penser de qc). Ex : Qu'est-ce que tu en penses ? / Ne rien en savoir (ne rien savoir de qc) Ex : Je n'en sais rien. / En faire (faire qc de qc/q'l). Ex : Je ne sais pas quoi en faire. / En avoir marre / S'en méfier (se méfier de qc/q'l) / En faire tout un plat / S'en passer (se passer de qc/faire qc) / N'en faire qu'à sa tête / Ne plus en pouvoir / Etc.

4. a. Qu'est-ce que tu en penses ? b. Je ne sais pas quoi en faire. c. J'aimerais en changer la décoration : j'en ferai une bibliothèque. d. Je n'aimerais pas gagner vraiment beaucoup d'argent : je ne saurais pas quoi en faire. e. Si je gagnais 1 000 000 d'euros, je saurais quoi en faire : je m'achèterais une maison !! e. Tu dois t'en méfier : c'est un hypocrite !

5. a. s'en passer. b. J'en ai marre. c. t'en méfier. d. Elle n'en fait qu'à sa tête. e. Je lui en veux beaucoup.

Dossier 12

1. a. D'amour ; b. ils sont amants (« nuit à l'honneur »).

2. Quand voulez-vous que je couche avec vous ?

3. Cette nuit

4. a. Sébastien ; b. Paris

5. Modèle de poème : *Pourquoi* je m'obstine à t'attendre ?

Es-tu incapable de tenir une promesse ?

Tu dis toujours que c'est la dernière fois.

Toujours, et pourtant, tu recommences.

En été, en automne, au printemps, les saisons passent...

Retard. Encore. Retard. Toujours... Ça, ça reste.

3ème partie _ Approfondissement à l'oral et à l'écrit

Dossier 3

3.

verbe	1ère pers. du plur. (présent)	radical	conjugaison à l'imparfait
étudier	nous étudions	étudi	j'étudiais ; nous étudiions
finir	nous finissons	finiss	je finissais ; nous finissions
éteindre	nous éteignons	éteign	j'éteignais ; nous éteignions
paraître	nous paraissons	paraiss	je paraissais ; nous paraissions
servir	nous servons	serv	je servais ; nous servions
croire	nous croyons	croy	je croyais ; nous croyions
voir	nous voyons	voy	je voyais ; nous voyions

Dossier 5

3. Mon père était officier aux Indes ; il m'envoya en Angleterre quand je n'étais encore qu'une enfant. Ma mère était morte et je n'avais aucun parent ici. Je fus donc placée dans une pension, d'ailleurs excellente, à Édimbourg, et j'y demeurai jusqu'à dix-sept ans. En 1878, mon père, alors capitaine de son régiment, obtint un congé de douze mois et revint ici. Il m'adressa un télégramme

de Londres annonçant qu'il était bien arrivé et qu'il m'attendait immédiatement à l'hôtel Langham. Son message était plein de tendresse. En arrivant à Londres, je me rendis au Langham ; je fus informée qu'il était bien descendu ici, mais qu'il était sorti la veille au soir et qu'il n'était pas encore revenu. J'attendis tout le jour en vain.

Dossier 6

2. a. Il lui a dit qu'il était occupé maintenant et qu'il le rappelait demain. b. Je lui ai demandé ce qui se passait. c. Il m'a demandé si je restais dîner. d. Elle m'a dit que son avion décollerait à 18h25. e. Elle lui a demandé pourquoi il était têtu comme ça. f. Le professeur nous a dit de nous asseoir et d'ouvrir notre livre page 87. g. Il m'a dit qu'il pensait qu'ils auraient tout fini d'ici ce weekend. h. Je lui ai demandé comment il/elle comptait venir jusqu'ici. i. Je lui ai dit de ne pas faire pas l'imbécile. j. Elle nous a dit qu'elle avait trop travaillé et qu'elle était harassée. k. Il m'a demandé si ça allait. l. Elle m'a dit que oui.

3. (…) Alceste qui m'a proposé de ne pas aller à l'école aujourd'hui. Je lui ai dit : « Ce n'est pas bien de ne pas aller à l'école. La maîtresse ne sera pas contente. Mon papa m'a dit : il faut travailler si on veut arriver dans la vie et devenir aviateur. Ça fera de la peine à maman et ce n'est pas beau de mentir. » Alceste m'a répondu : « Cet après-midi on a arithmétique. » (…)

J'ai dit à Alceste de se dépêcher. Alceste m'a répondu qu'il ne pouvait plus. Alors moi, je lui ai dit : « Il vaut mieux ne pas rester là, parce que, sinon, nos papas et nos mamans risquent de nous voir et nous priveront de dessert. Puis il y a des inspecteurs de l'école. Ils nous emmèneront au cachot et on nous donnera à manger du pain et de l'eau. (…)

Alceste a dit qu'ici on était tranquilles. (...) Il m'a dit : « De courir tout de suite après le déjeuner, ça m'a donné faim. »

J'ai dit à Alceste qu'il avait eu une bonne idée et que quand je pensais aux copains qui étaient à l'école en train de faire de l'arithmétique, j'avais envie de rigoler. Alceste a dit que lui aussi et nous avons rigolé. Quand on a eu fini de rigoler, j'ai demandé à Alceste : « Qu'est-ce qu'on va faire ? » Il a dit qu'il ne savait pas, qu'on pourrait aller au cinéma. (...) J'ai dit que ça ne faisait rien et que même sans cinéma, les autres voudraient* bien être avec nous. Alceste a dit que ouais et qu'après tout, il n'avait* pas tellement envie d'aller voir *la Revanche du Shérif*. J'ai dit que oui (= que j'étais d'accord) et que ce n'était qu'un film de cow-boys. (...)

J'ai dit que si on allait* au square, on pourrait* faire une balle avec du papier et on pourrait* s'entraîner. Alceste m'a répondu : « Ce n'est pas bête, mais au square il y a le gardien et, s'il nous voit, il nous demandera pourquoi on n'est pas à l'école, il nous emmènera au cachot et il nous fera le coup du pain et de l'eau. (...) Il m'a dit que les autres, à l'école, ils ne rigolaient pas. J'ai dit que c'était vrai et puis que, de toute façon, il était trop tard pour y aller, qu'on serait* punis.

** Les verbes qui sont déjà à un temps que l'on utilise au style indirect comme l'imparfait ou le conditionnel présent ne changent pas.*

5. Fin de l'histoire : On a regardé des vitrines. Alceste m'a expliqué celle de la charcuterie et puis on a fait des grimaces devant celle de la parfumerie où il y a des glaces, mais on est partis, parce qu'on s'est aperçu que les gens dans le magasin nous regardaient et qu'ils avaient l'air étonnés. Dans la vitrine de l'horloger on a vu l'heure et c'était encore très tôt. « Chouette, j'ai dit, on a encore le temps de rigoler avant de rentrer à la maison. » Comme on était fatigués

de marcher, Alceste m'a proposé d'aller dans le terrain vague, là-bas, il n'y a personne et on peut s'asseoir par terre. Il est très bien, le terrain vague, et on a commencé à s'amuser en jetant des pierres contre les boîtes de conserves. Et puis, on en a eu assez des pierres, alors, on s'est assis et Alceste a commencé à manger un sandwich au jambon, le dernier de son cartable. « À l'école, il a dit, Alceste, ils doivent être en plein dans les problèmes. — Non, j'ai dit, à l'heure qu'il est, ça doit être la récré.

— Peuh, tu trouves ça amusant, la récré ? » Il m'a demandé Alceste. « Peuh ! » je lui ai répondu et puis je me suis mis à pleurer. C'est vrai, ça, à la fin, ce n'était pas rigolo d'être là, tout seuls, et de ne rien pouvoir faire et d'être obligés de se cacher et moi j'avais raison de vouloir aller à l'école, même avec les problèmes, et si je n'avais pas rencontré Alceste, je serais à la récré maintenant et je jouerais aux billes et au gendarme et au voleur et je suis terrible aux billes. « Qu'est-ce qui te prend à pleurer comme ça ? » il m'a demandé Alceste. « C'est de ta faute si je ne peux pas jouer au gendarme et au voleur », je lui ai dit. Alceste, ça ne lui a pas plu. « Je ne t'ai pas demandé de me suivre, il m'a dit, et puis, si tu avais refusé de venir, eh bien, j'y serais allé à l'école, tout ça, c'est de ta faute ! — Ah oui ? » J'ai dit à Alceste, comme dit papa à monsieur Blédurt qui est un voisin qui aime bien taquiner papa. « Oui », a répondu Alceste, comme monsieur Blédurt répond à papa, et on s'est battus, comme papa avec monsieur Blédurt.

Quand on a eu fini de se battre, il a commencé à pleuvoir. Nous sommes partis en courant du terrain vague, parce qu'il n'y avait pas d'endroit où se mettre pour ne pas être mouillés et ma maman m'a dit qu'elle ne veut pas que je reste sous la pluie et moi, je ne désobéis presque jamais à ma maman.

Alceste et moi on est allés se mettre contre la vitrine de l'horloger.

Il pleuvait très fort et on était tout seuls dans la rue, ce n'était pas très rigolo. On a attendu comme ça l'heure de rentrer à la maison. Quand je suis arrivé à la maison, maman dit que j'étais tout pâlot et que j'avais l'air fatigué et que, si je voulais, demain je pourrais ne pas aller à l'école, mais moi j'ai refusé et maman a été bien étonnée.
C'est que demain, quand Alceste et moi on va leur raconter comme on a bien rigolé, les copains de l'école, ils vont être drôlement jaloux !

Dossier 7

1. a. C'est mangeable. b. C'est cassable. c. C'est faisable. d. C'est échangeable ou remboursable. 2. Un tire-bouchon

4ème partie _ Exercices académiques

Dossier 5

4. Modèle de résumé : Ce texte traite de la place des femmes dans la société française contemporaine.
Malgré toutes leurs performances dans les divers domaines suivants de la santé, de la longévité, de l'éducation, de la culture et de l'élégance, force est de constater qu'elles font encore l'objet de nombreuses discriminations sur certains plans par rapport aux hommes.
Dans le monde professionnel notamment, elles sont sous-représentées en politique et dans les fonctions dirigeantes, doivent, pour une grande majorité (82 %), se satisfaire d'emplois à temps partiel ou précaires pour un peu moins de la moitié (40 %) et sont, d'une manière générale, plus touchées par la pauvreté

que les hommes, surtout lorsqu'elles sont jeunes, âgées ou qu'elles représentent des familles monoparentales.

De plus, elles sont souvent victimes de violences conjugales et sexuelles et doivent travailler doublement voire triplement pour assumer les tâches domestiques en sus de leur emploi.

Ainsi cette conjoncture sociale nous permet-elle de dire que la France demeure un pays phallocrate dans les mœurs et les mentalités.

Dossier 6

2. a.

une doctrine/ une idéologie	une qualité/ un état constaté	une tendance/ une habitude...
symbolisme, jeunisme		alcoolisme, individualisme, pessimisme

2. b. Les 10 mots dérivés en –isme : consumérisme/ attentisme/ multiculturalisme/ isolationnisme/ scientisme/ mondialisme/ gallicisme/ épicurisme/ ascétisme/ je m'en-foutisme.

5. Modèle de résumé : Dans la plupart des évaluations internationales, la France est régulièrement classée en tête des pays où la qualité de vie est la meilleure (la plus élevée) notamment dans les trois domaines de la liberté, de l'égalité et de la santé même si elle est reléguée loin derrière de nombreuses métropoles des continents européen, américain et nord-asiatique en matière culturelle. Malgré cette dernière mauvaise performance assez surprenante, la France continue d'être considérée/réputée comme un pays où il est agréable de vivre grâce à l'harmonie subtile réalisée par la rencontre de son patrimoine historique et géographique, de ses traditions culinaires et de son amour

du verbe, tout ceci expliquant que l'espérance de vie y soit particulièrement élevée.
Cependant, La France *a aussi sa part d'ombre*/il existe également *un revers à la/cette médaille* car paradoxalement à cela, les pathologies dépressives et le suicide font des ravages, notamment chez les jeunes et les personnes âgées dans l'ouest, le centre et le nord du pays principalement. À la crise économique qui apparaît comme la cause majeure de ce phénomène, s'ajoute un autre facteur non moins déterminant : celui de la détérioration générale du contexte psycho-social induite à la fois par la crise du monde du travail, par la crise de la famille et par le climat social *dépressogène** qui inhibe le dynamisme des forces vives de la nation. Quant au suicide des personnes âgées, il semblerait relever de mécanismes quelque peu différents, en rapport avec la problématique plus existentielle de la dignité humaine, et comme une des conséquences du despotisme qu'exerce le *jeunisme*.
Il est donc possible que la *douceur de vivre* à la française ne relève ainsi plus que des stéréotypes des nations.
** dépressogène :* qui rend dépressif, qui fait courir le risque de le devenir.

Dossier 7

4. Modèle de résumé : Bien que les Français soient considérés et se considèrent comme des gens cultivés, ils sont mal classés dans les évaluations internationales mesurant le niveau culturel des peuples.
À première vue pourtant, la culture occupe une place privilégiée en France tant au niveau de l'État qu'au niveau des pratiques culturelles individuelles générales. Cependant, la situation réelle est bien moins reluisante. Sur le plan de la lecture, l'un

des principaux marqueurs du niveau culturel, la consommation de livres accuse un fort déclin – non imputable à l'avènement d'Internet – voire est absente chez les jeunes en âge d'étudier, tandis que celle des quotidiens est relativement faible. De plus, si l'utilisation d'Internet s'est largement généralisée, force est de constater que ce moyen n'est guère utilisé pour son potentiel de transmission culturelle.

Du fait des réformes éducatives, le peuple français présente également un ensemble de lacunes manifestes dans des domaines culturels variés allant de la culture classique à l'enseignement des sciences dont l'enseignement ne dynamise plus la réflexion et la créativité – en passant par l'histoire. Enfin, les inégalités sociales – dont en premier lieu l'illettrisme – jouent un rôle délétère de plus en plus important dans ce déclin du niveau culturel à proportion de celui économique. D'autre part, cette baisse du niveau de culture s'expliquerait aussi – outre ce parallélisme- par le fait que la culture est sacrifiée sur l'autel de la restauration de l'économie.

Dossier 8

3. a. (Remarque : tous les substantifs qui suivent sont de genre féminin) : gastrite/ entérite/ otite/ rhinite/ conjonctivite, uvéite/ stomatite/ dermatite, dermite/ les cardites (endocardite, péricardite, myocardite)/ pharyngite, amygdalite/ encéphalite, méningite. b. collectionnite. c. flémingite/flemmite (구어체). d. réunionite. e. smartphonite. f. sarkozite, hollandite, poutinite, etc.
5. Modèle de résumé : Être atteint du syndrome psychosocial dit « fomo », c'est éprouver une peur maladive à l'idée de pouvoir manquer quelque chose d'important de la vie sociale et se sentir en conséquence obligé de s'informer en permanence sur le net et les réseaux sociaux. Cette angoisse et ce comportement obsessionnels

s'expliquent à la base par la peur intuitive d'être ostracisé et par la recherche de la satisfaction d'un besoin de reconnaissance voire de suprématie et touchent ainsi essentiellement les jeunes actifs. D'autres estiment également qu'il pourrait s'agir d'un trouble dérivé d'une intoxication à internet ou d'une véritable psychopathologie de type T.O.C imputable à un manque de confiance en soi. Ce syndrome doit être traité car il conduit ultimement à un *burn-out* et à l'isolement social, ce qui est précisément l'effet inverse de ce qui l'a motivé au départ. Il existe ainsi des méthodes anglo-saxonnes de désintoxication au fomo qui consistent à observer les quatre grands principes suivants : à conscientiser ses troubles et leur degré de nocivité ; à apprendre à se connaître et à limiter son champ d'activités pour pouvoir s'épanouir et cultiver de vraies relations sociales ; à refuser les comparaisons stériles avec autrui, chacun étant unique ; enfin, à tâcher de rester maître de soi et de son temps et non d'être le jouet de la dynamique sociale. Il est ainsi souhaitable de savoir renoncer au panurgisme et conjuguer intelligemment l'individualisme à l'altruisme.

Dossier 9

4. Modèle de résumé/synthèse :

L'infiltration du djihadisme progresse au sein de la jeunesse française notamment issue de l'immigration, en témoignent les attaques terroristes qui ont frappé Paris en janvier 2015. Le chercheur en sociologie Farhad Khosrokhavar a analysé dans son ouvrage *Radicalisation* les causes de leur ralliement au djihadisme et le processus de leur radicalisation.

Tout d'abord, il apparaît que le terrorisme djihadiste n'est pas à proprement parler musulman : ces jeunes n'ont aucune culture religieuse : n'ayant pas intégré l'islamisme traditionnel de leurs parents, ils ne sont ni arabophones ni pratiquants : c'est précisément cette désislamisation qu'a exploité le djihadisme pour en faire des criminels. Leur dérive a été ensuite favorisée par le fait qu'ils n'ont pas trouvé à s'intégrer dans la société française. Cet échec est imputable à une double carence éducationnelle tant parentale qu'institutionnelle : la première par déficit d'autorité, les parents eux-mêmes, mal intégrés, étant passés sous le joug de leurs enfants, et la seconde car il existe un fossé culturel immense entre le corps enseignant et ce public d'apprenants majoritairement issus de l'immigration, ce qui fait qu'il est difficile pour ces derniers d'intégrer les valeurs de leur société d'accueil. C'est ainsi qu'en mal de socialisation, une minorité d'entre eux en vient à s'installer dans la délinquance, ceci les conduisant inexorablement au bord de l'exclusion sociale (peines judicaires, emprisonnement) et à son corollaire de maux psychosociaux : haine de la société, vide identitaire, mésestime de soi, etc.). C'est alors qu'ils sont récupérés par la mouvance djihadiste par le biais de manipulateurs idéologiques rencontrés sur internet ou dans le milieu carcéral qui vont leur offrir l'occasion d'une seconde naissance factice à travers un voyage formateur idéologique et militaire au Moyen-Orient. Cette formation va notamment infuser dans leur esprit la psychologie perverse du *héros négatif* pour qui la raison de vivre doit être celle du sacrifice de soi pour la cause djihadiste, ce qui accroît leur potentiel de dangerosité. Notons également que les médias jouent sans doute un rôle délétère non négligeable dans ce processus de radicalisation en leur faisant une publicité indirecte outrancière qui les « starifie ».

Dossier de synthèse 1

1. a. Résumé : Il s'agit de l'histoire de deux amants qui se retrouvent après 12 ans de séparation. Tous les deux ont refait leur vie (chacun a des enfants) mais ils ne se sont jamais oubliés et regrettent de s'être quittés. C'est Héléna qui a désiré ces retrouvailles car elle est atteinte d'une maladie incurable et elle va mourir. Ils se revoient dans un jardin public d'une ville inconnue (Sully) (un jour d'automne ou d'hiver sans doute) pour parler de leurs vies, partager implicitement leurs regrets et pour elle, « sentir » son amant une dernière fois. b. Les deux personnages : Héléna : C'est une femme séparée de son mari/compagnon ou divorcée (p. 112) avec des enfants. / Elle est restée profondément amoureuse de Pierre (qui semble être resté son seul amour véritable). / Elle était (et est encore) belle et vive d'esprit malgré la pâleur et la maigreur dues à sa maladie : elle est atteinte d'une maladie sanguine incurable indéterminée (de type leucémique ?) / Elle est orgueilleuse, volontaire, et déterminée/résolue (c'est elle qui avait pris la décision de la séparation et qui a aussi entrepris de le recontacter). Elle a un côté aventureux et audacieux (téléphone au père de son ex-amant pour avoir son numéro de téléphone). / Elle a vécu des épreuves difficiles qui ont changé son caractère originel et l'ont rendue amère. // Son ex-amant Pierre : Il est resté passionné d'Héléna qui semble avoir été son premier amour. / Il s'est marié avec une jolie femme affectueuse et gaie et a trois enfants (Marie, Joséphine et Yvan). / Bien qu'il ait raté ses études, il a réussi professionnellement grâce à sa ténacité : il est cadre (간부 직원) dans une entreprise peut-être ? / Affectivement, il est heureux (et fidèle à sa femme) mais il reste hanté par le souvenir d'Héléna et ne peut parvenir à l'oublier malgré ses efforts, même s'il se ment constamment à lui-même (pp.101 et 111). / Il est sage

(ne prend pas de risques) et tempéré. / Il a un côté un peu passif ou peureux (Héléna l'a quitté et c'est sa femme qui a décidé de leur mariage, p.103) et conformiste (il fait comme les autres ou comme le veut la morale sociale). Il vit un peu comme un automate.

2. a. Ah ! Si je n'avais pas choisi cette voie, je n'en serais pas là aujourd'hui ! Ç'est déprimant vraiment !
Allez ! Ne *te laisse pas aller* ! On est tous *dans le même bateau*, et avec des « si », on mettrait Paris en bouteille ! Et si tu t'offrais de petites vacances pour *te remettre d'aplomb* ? **b.** Les électeurs étaient gonflés d'espoir suite à toutes les promesses que leur candidat leur avait faites durant la campagne électorale. Ne *voyant rien venir*, la déception est grande et le mécontentement commence à gronder dans les rues. Du coup, le gouvernement essaye de soigner sa communication pour *donner le change.* **c.** Il n'y a même pas cinq ans, on pouvait trouver beaucoup de restaurants de cuisine coréenne traditionnelle à Séoul copieux et bon marché, mais aujourd'hui c'est vraiment devenu difficile, quel dommage ! Eh oui, tout se perd, c'était *le bon vieux temps* ! Maintenant, c'est le règne des franchises : qu'est-ce que tu veux, il faut vivre avec son époque !

3. Résumé détaillé : Il s'agit de l'histoire de deux ex-amants, Héléna et Pierre qui se retrouvent après s'être séparés 12 ans auparavant alors qu'ils étaient étudiants. Depuis, chacun d'eux a suivi son propre chemin : on ne sait pas ce qu'Héléna fait dans la vie en dehors du fait qu'elle a des enfants, qu'elle est séparée de leur père et qu'elle a connu des épreuves et la solitude avant d'attraper une maladie du sang *orpheline* et incurable qui la condamne à une mort prochaine. En revanche, on en sait plus sur Pierre, le narrateur de l'histoire qui *semble* avoir réussi dans la vie : bien qu'il ait raté ses études, il fait une belle carrière professionnelle, s'est marié à une femme charmante, gaie et affectueuse avec laquelle il a eu trois enfants et mène une vie bourgeoise. Le tableau de sa vie semble idyllique sauf qu'il masque une blessure mal cicatrisée : celle de sa séparation d'avec Héléna, son premier et seul et véritable amour, qui continue de le hanter malgré tous les mensonges qu'il se fait à lui-même pour l'oublier. Et c'est alors qu'un beau jour elle réapparaît dans sa vie pour le voir et le « sentir » une dernière fois avant de mourir, et qu'il prend douloureusement conscience de la réalité de leurs sentiments partagés et de l'inanité de leurs vies respectives. Hélas *on ne refait pas le passé* et Pierre est trop raisonnable pour remettre à présent sa vie en question et briser le bonheur de ceux qui l'aiment autour de lui (et qui ne méritent pas non plus de souffrir) : sa dernière rencontre avec Héléna, un jour d'hiver dans une ville inconnue, est comme un tragique cadeau d'adieu qu'ils se font à tous les deux ; tragique, parce s'il signe le gâchis de leurs non-dits et de leur séparation cependant qu'il scelle également toute la profondeur, et d'une certaine manière, l'éternité de leur amour malgré l'imminence de sa mort, *terrestre* tout au moins.

Dossier de synthèse 2 :

1. a. C'est un chauffeur de taxi en couple (marié ?) avec Claire avec laquelle il a deux enfants. Il semble déprimé (« Je me sens vide »), désabusé et négatif. b. L'univers de travail décrit dans cette nouvelle est gris, triste voire sordide ou même glauque : il s'agit de bas quartiers citadins du monde de la nuit où l'on peut trouver des bars, des hôtels bas de gamme, « à putes »* et de la banlieue industrielle (HLM, entrepôts, terrains vagues, etc.). c. Nous sommes en hiver, plus précisément en décembre, à l'époque de Noël (« sapins empaquetés sous les guirlandes »,

« champ de glace », « givre », « neige », « bise acérée », etc.). d. Il s'agit d'une Japonaise originaire de Kyoto, descendue dans un hôtel sordide. Elle est très pâle, a les cheveux noirs et mal coupés et un œil qui semble plus grand que l'autre. Elle porte des vêtements trop grands et mal ajustés. Il la prend en taxi. e. Pour jeter dans la rivière les cendres d'un être cher disparu, contenues dans une boîte noire laquée. f. En partie seulement, car il semble à la fois intrigué et attiré malgré lui par l'excentricité, la fragilité et la détresse manifestes de sa cliente. g. Elle semble tour à tour perdue, hébétée et hystérique. Son comportement est difficile à déchiffrer (à comprendre) et proche de la folie. h. Après avoir réussi à la calmer en la rudoyant, la malmenant quelque peu, il l'a ramenée à son hôtel et l'a raccompagnée jusque dans sa chambre sans doute parce qu'il voulait profiter de sa détresse et de sa passivité pour abuser d'elle en pensant que c'était une fille facile (vu le type d'hôtel où elle est descendue et son comportement : elle le laisse rentrer dans sa chambre et se présente ensuite en petite tenue devant lui ; on sait également qu'elle consommait de l'alcool et qu'elle souffrait de problèmes psychologiques). Mais il renoncera à cette intention sans doute par compassion/empathie et par effet de miroir en songeant à la propre médiocrité de sa vie. i. De retour chez lui, au petit matin, il retrouve ses enfants déjà levés, occupés à regarder des dessins animés et se propose en son for intérieur de les emmener enfin s'amuser ce jour-là. L'image de la déchéance de l'autre a eu cela de salutaire qu'elle a stimulé sa volonté (temporaire ?) de reprendre sa vie en main en suscitant notamment un regain d'affection et d'intérêt pour les siens. j. Malgré le caractère banal et un brin vulgaire du personnage, il est émouvant et gagne notre sympathie du fait qu'il renonce à abuser de la faiblesse d'autrui et que transparaissent sa compassion pour sa cliente, sa fibre (et sa vulnérabilité) sentimentale et sa tendresse paternelle à la fin. Son attitude sonne comme une victoire contre la tentation de l'auto-avilissement/de la misère morale dans la morosité/grisaille de sa vie. **k.** Il est globalement morose, triste et défaitiste mais aussi émouvant et humaniste à l'image des deux protagonistes. En cela, il invite à la compassion pour ces deux êtres qui apparaissent un peu comme des symboles d'une certaine misère citadine où suinte avant tout la solitude.

** un pute : mot vulgaire et péjoratif synonyme de prostituée*

3. Résumé : Un soir d'hiver, le narrateur, chauffeur de taxi (de son état) qui erre dans la ville froide, grise et endormie en attente de clients, prend à son bord une femme japonaise qui d'emblée l'intrigue par sa physionomie et son apparence quelque peu particulières/atypiques. Après l'avoir déposée près du pont où elle voulait se rendre et avoir attendu son retour un bon moment, il part à sa recherche et la retrouve tout à la fois hagarde, ahurie et hystérique : elle vient visiblement de jeter à l'eau la boîte laquée contenant les cendres d'un être cher qu'elle avait avec elle. Après l'avoir difficilement calmée, il la ramène à son hôtel et la raccompagne jusque dans sa chambre où lui vient visiblement l'envie de profiter de la faiblesse et de la soudaine inertie/atonie de sa cliente. Mais après avoir partagé un verre de vodka avec elle, il semble se raviser et passe la nuit à son côté sur le fauteuil de la chambre. En rentrant à l'aube chez lui, il découvre ses enfants occupés à regarder la télé et décide de les emmener enfin s'amuser quelque part ce jour-là.

Dossier de synthèse 7

2. a. Par hasard (?) un jour de mauvais temps (de tempête) de l'été 1975 en fin d'après-midi à Aurora (E.U) sur la plage attenante à la maison de l'écrivain. Harry était descendu s'asseoir sur la plage pour trouver de l'inspiration pour son roman. Elle était venue seule se promener au bord de l'océan et jouait avec les vagues. **b.** Jolie adolescente de 15 ans aux longs cheveux blonds et aux yeux verts, elle apparaît directe, audacieuse et un brin effrontée : en un mot, *elle n'a pas froid aux yeux** (*Je sais. Tout le monde le sait, je vous l'ai dit.* + n'hésite pas à poser des questions directes à un adulte inconnu dès leur première rencontre + ose lui demander une cigarette et fumer devant lui et surtout installe un climat de familiarité entre eux d'eux d'emblée : elle l'embrasse sur la joue et se montre disposée à poursuivre cette relation naissante dans l'avenir). On est en droit de penser (= on peut penser) que cette rencontre n'est pas aussi fortuite qu'elle en a l'air : elle est venue se promener et danser dans les vagues en robe d'été juste devant chez lui et il est possible qu'elle ait voulu l'approcher par ambition pour espérer s'élever dans la société par son entremise/son concours (*Je me verrais bien vedette. Vedette à N-Y*) : il se peut donc qu'il s'agisse d'un comportement intéressé et calculateur.

* Ne pas avoir froid aux yeux : 대담하다/겁이 없다

c. Nola et Harry Quebert ont vécu une histoire d'amour dont Harry a tiré le roman *Les origines du mal* qui sera un best-seller (= un succès en librairie) par la suite. Nola l'a aidé à retranscrire le roman et sans doute aussi à l'améliorer puisqu'elle lui donnait son avis au fur et à mesure qu'il l'écrivait. **d.** C'était le 30 août 1975. Les deux amants avaient projeté de s'enfuir ensemble.

- Ils s'étaient donné rendez-vous (= ils devaient se retrouver) au motel *Sea Side Motel* près d'Aurora (dans la chambre 8, 8 étant le chiffre préféré de Nola).
- Harry y est arrivé le premier avec un bouquet d'hortensias bleus (les fleurs préférées de Nola) et l'a attendue toute la nuit, en vain.

- Au petit-matin, il a appris par la radio que la jeune fille était portée disparue et qu'elle était activement recherchée par la police.
- Ces nouvelles lui ont confirmé que pourtant elle avait bien l'intention de le rejoindre parce qu'au moment de sa disparition, elle portait la robe rouge qu'Harry préférait.
- Par une funeste ironie du sort, le temps était, ce soir-là, aussi orageux que lors du jour de leur première rencontre.

e. Pistes possibles :

- Il pourrait ne s'agir que d'une funeste mauvaise rencontre sur le chemin de son rendez-vous avec Harry : elle a pu être la victime d'un rapt?
- Aurait-elle été l'objet de la vengeance d'un de ses proches? D'un amoureux éconduit jaloux de son amour pour Harry? D'un proche qui n'aurait pas supporté cette relation qu'il considérait comme impropre, débauchée, immorale (et donc déshonorante pour la famille? N.B. : son père est un pasteur évangéliste.
- Pourrait-il s'agir d'Harry lui-même? Souffrirait-il d'une pathologie mentale/psychologique cachée? Redoutait-il que cette relation entrave sa carrière d'écrivain/nuise à sa notoriété?

프랑스어 스피치와 에세이

Perfectionnement à l'oral et à l'écrit

초판 인쇄 2016년 8월 25일
초판 발행 2016년 9월 1일

편저자 Jean-Baptiste Causse·Yves Millet·Séverine Stoecklé
발행인 김인철
총괄·기획 장지호 Director, University Press
편집장 신선호 Executive Knowledge Contents Creator
도서편집 김민정 Contents Creator
진수연 Contents Creator
전자책편집 최인우 Chief e-Contents Creator
마케팅 곽용창 Chief Marketing Creator
재무관리 권미경 Chief Managing Creator
김은혜 Managing Creator
발행처 한국외국어대학교 지식출판원
02450 서울특별시 동대문구 이문로 107
전화 02)2173-2493~7
팩스 02)2173-3363
홈페이지 http://press.hufs.ac.kr
전자우편 press@hufs.ac.kr
출판등록 제6-6호(1969. 4. 30)
디자인·편집 (주)이환디앤비 02)2254-4301
인쇄·제본 상지사피앤비 031)955-3636

ISBN 979-11-5901-098-9 13760 정가 25,000원

HU:iNE 은 한국외국어대학교 지식출판원의 어학도서, 사회과학도서, 지역학 도서 Sub Brand이다. 한국외대의 영문명인 HUFS, 현명한 국제전문가 양성(International +Intelligent)의 의미를 담고 있으며, 휴인(携引)의 뜻인 '이끌다, 끌고 나가다'라는 의미처럼 출판계를 이끄는 리더로서, 혁신의 이미지를 담고 있다.

이 책의 음원(mp3)은 한국외국어대학교 지식출판원 홈페이지(press.hufs.ac.kr) – 게시판 – 자료실에서 다운받아 사용하시기 바랍니다.